N.V. NEDERLANDSCHE KABELFABRIEK DELFT

2

INTERIEUR van de KABELFABRIEK

4

5

N.V. NEDERLANDSCHE KABELFABRIEK
DELFT

De tijd is voorbij, dat wij U moesten vragen, eens een proef te nemen met onze grondkabels, het eens te wagen een voedingslijn van Uwe centrale weg te voeren met onze kabels, opdat U zoudt kunnen vaststellen, dat Uw net een betrouwbare aanwinst rijker werd.

Velen hebben zich willen overtuigen van den ernst van ons streven en dankbaar hebben wij geboden gelegenheden aangegrepen.

Menige goede wenk Uwerzijds heeft ons geleid bij onze pogingen naar verbetering van het fabrikaat en de wensch naar het beste op de internationale markt in Holland heeft ons zonder ophouden aangevuurd.

Zoo kunnen wij nu zeggen, dat thans ieder weet: DAT ONZE KABEL GOED IS.

Dit geeft ons geen gevoel van veiligheid, dat verslapt, maar een gevoel van verantwoordelijkheid, dat wij het vertrouwen nimmer mogen beschamen en wij vragen U door Uw steun en door Uw kritiek te willen bewijzen, dat na een

jarenlangen band onze industrie U niet meer onverschillig is.

Dat wij alles kunnen, is te veel gezegd.

Geeft ons een kans te overwegen en te probeeren en wij zullen trachten te bewijzen, dat het U zal meevallen.

Vraagt niet alleen naar den prijs; Uw net is alleen door prima kwaliteit duurzaam.

De eischen, welke door groote afnemers in Holland gesteld worden, zijn hoog; alleen uitstekende grondstoffen zijn te gebruiken.

Daarvan genieten ook de kleinere, even welkome, afnemers; er is voor allen: EENHEID IN KWALITEIT. Dat beteekent hooge zekerheid, ook voor het dunste kabeltje en voor ieder kort stukje.

Wij maken uitsluitend kabels met papierisolatie en hebben sinds 1914 al onze aandacht daarop geconcentreerd.

Aan iederen meter wordt gelijke zorg besteed en sinds de mogelijkheid bestaat van meting van het diëlectrisch verlies, is die zorg door verdiept inzicht doelbewust gericht naar het gunstigste effect voor ALLE afnemers.

De opdrachten voor telefoonkabels, passend in de internationale verbindingen, kabels, aan welke, wat zorgvuldigheid in fabrikatie en onderzoek aangaat, zoo hooge eischen worden gesteld, toonen, dat ook voor kabels met niet geïmpregneerd papier de fabriek in staat is, voor alle afnemers te brengen: EENHEID IN KWALITEIT.

DELFT, Januari 1928.

INTERIEUR van de WALSDRAADFABRIEK

INTERIEUR van de TREKKERIJ

AFDEELING:
WALSDRAADFABRIEK en TREKKERIJ

9

VAN WIREBAR TOT DRAAD IN EIGEN WALSWERK.
WIJ LEVEREN OOK ANDERE PROFIELEN DAN ROND.

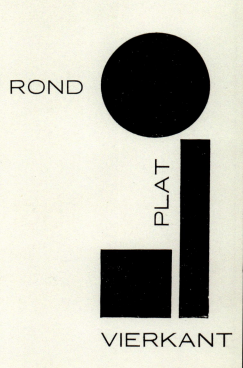

ROND

PLAT

VIERKANT

GEDEELTE VAN DE TREKKERIJ
KOPERDRAAD IN BEWERKING

VIERKANT EN PLAT DRAAD

12   VIERKANT EN PLAT DRAAD VOOR ELECTRISCHE MACHINES

13

Hard
½ Hard
Zacht

BREEKVASTHEID
van hard koperdraad

minstens **43** kg/qmm

14

van halfhard draad

32 tot **39** kg/qmm

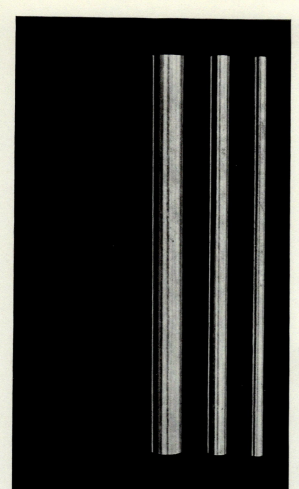

VERTIND DRAAD
VOOR MONTAGE

15

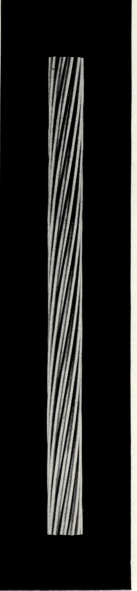

GEVLOCHTEN
KOPERKABEL
VOOR SPANLEIDINGEN

PAPIERISOLATIE

vele dunne lagen geven de groote bedrijfszekerheid

16

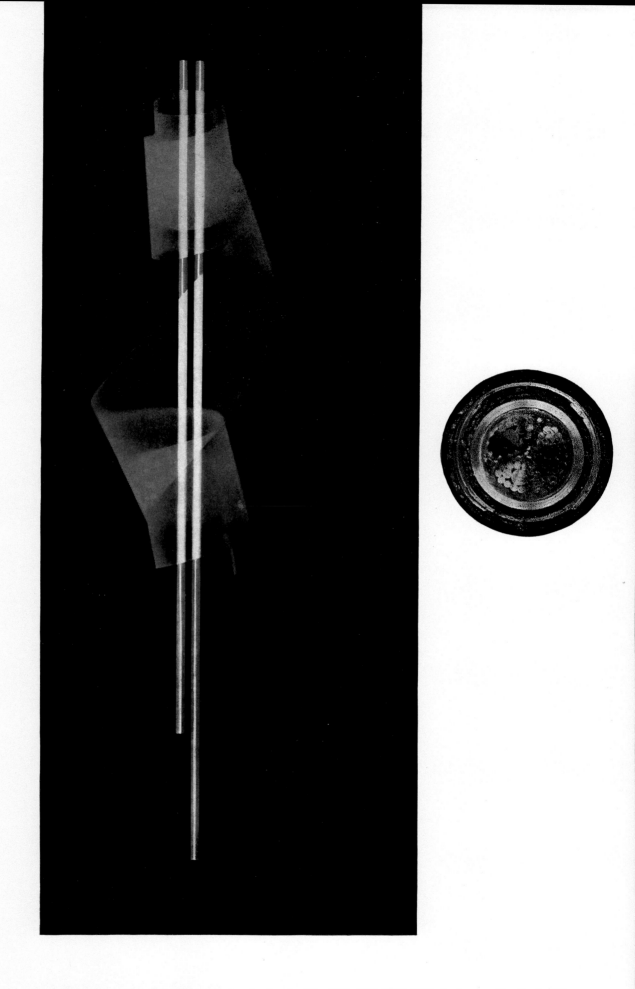

WIJ SPECIALISEEREN ONS
SINDS 1914 OP PAPIERISOLATIE

PAPIERKLEUREN

DUIDELIJK OOK **NA** HET DRENKEN

18

Wij garandeeren
bij afkoeling na verwarming
van den kabel een

Vlakke
karakteristiek

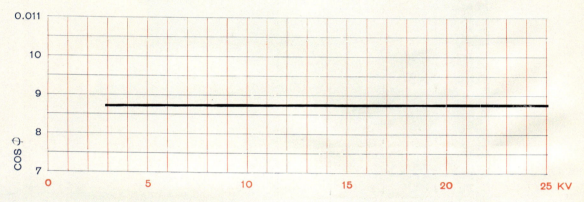

en **tóch**

een soepelen kabel

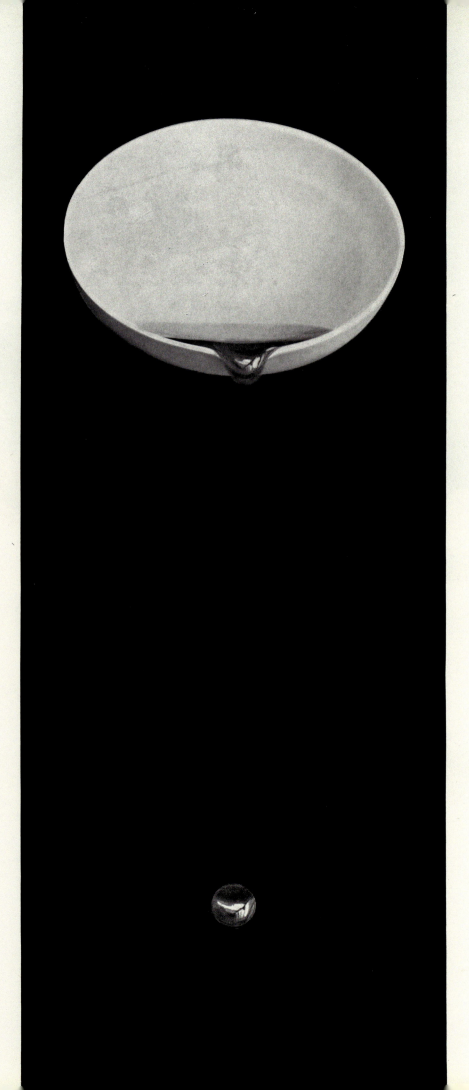

22 BEPROEVINGS-INSTALLATIE VOOR **300** kV

METING VAN DIËLECTRISCHE VERLIEZEN VAN **30-100** kV **23**

LICHT

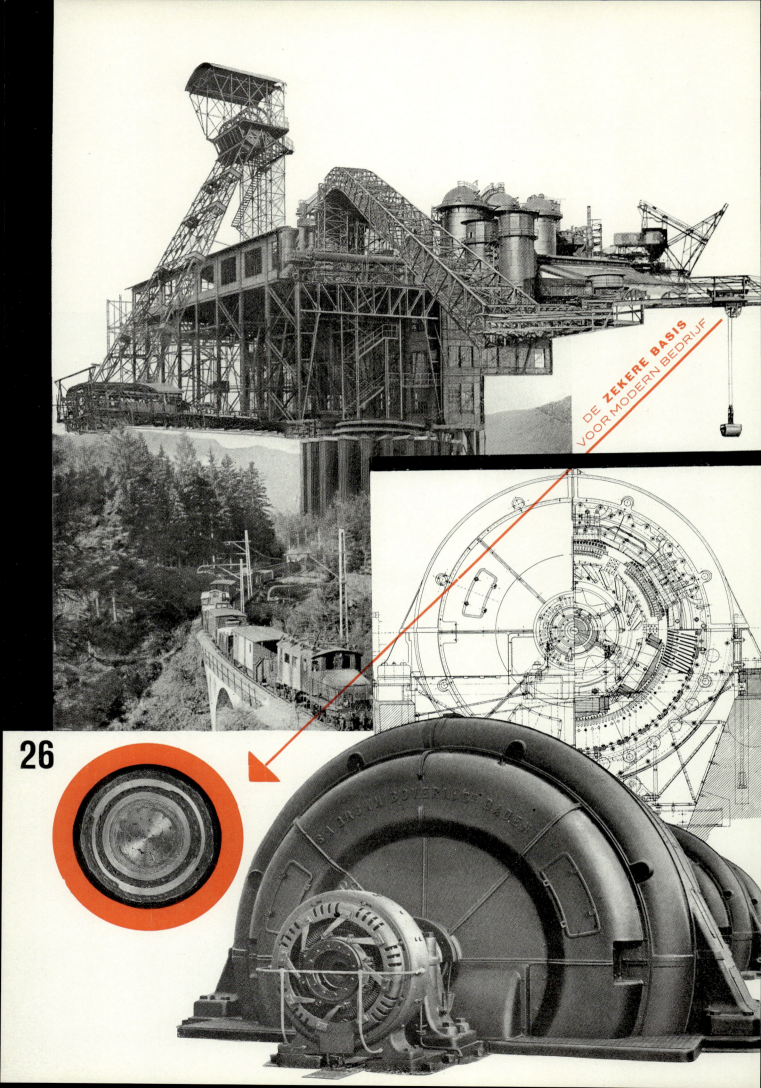

26

DE **ZEKERE BASIS** VOOR MODERN BEDRIJF

DOORSLAG!

BEDRIJFSSTORING

BEDRIJFSSTORING?

op hoeveel schat ge een BEDRIJFSSTORING

gebruik een "N.K.F. KABEL" en vergeet het woord BEDRIJFSSTORING

27

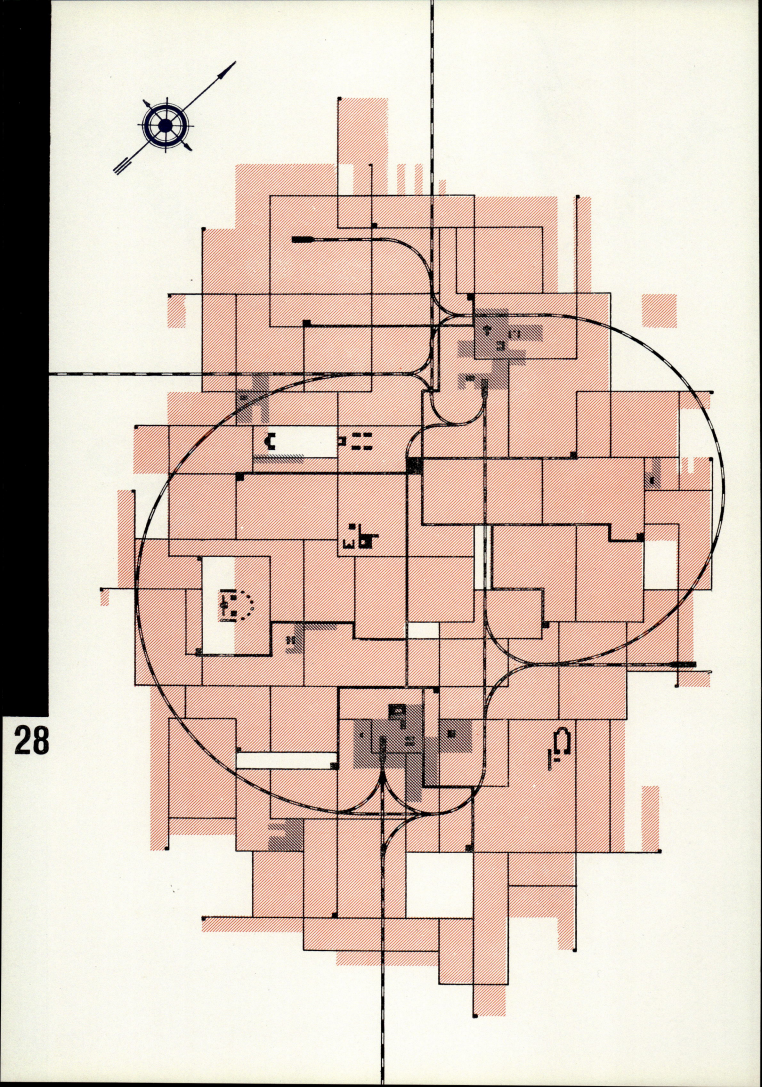

ELECTRICITEIT BOUWT STEDEN

ÉÉN-ADERIG 600 VOLT

NEDERLANDSCHE VOORSCHRIFTEN

N 217

(Blz. 69)

1 MET MASSIEVEN GELEIDER

2 MET GESLAGEN GELEIDER

3 MET GESLAGEN GELEIDER EN HULPDRAAD

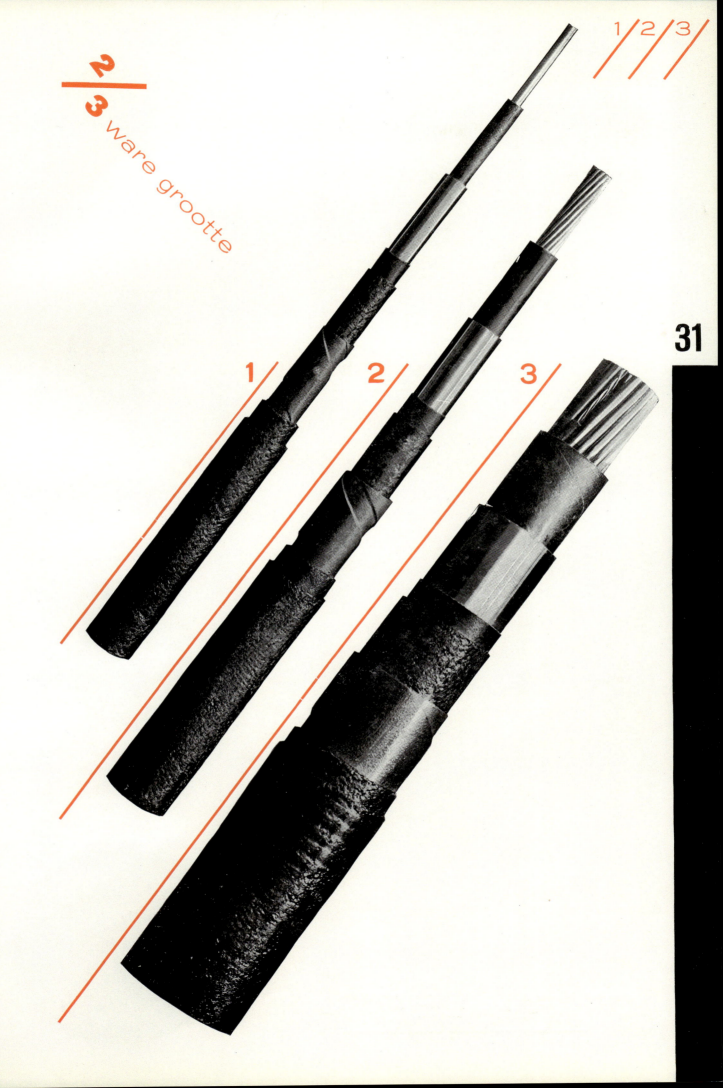

2/3 ware grootte

1/2/3

31

MEER-ADERIG
500 VOLT
ZWARE CONSTRUCTIE
NEDERLANDSCHE VOORSCHRIFTEN
N 218
(Blz. 70)

7   **2**-ADERIG

8   **3**-ADERIG

9   **4**-ADERIG

7 8 9

²⁄₃ ware grootte

MEER-ADERIG
500 VOLT
LICHTE CONSTRUCTIE

NEDERLANDSCHE VOORSCHRIFTEN

N 219
(Blz. 70)

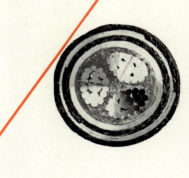

4 2-ADERIG

5 3-ADERIG

6 4-ADERIG

34

2/3 ware grootte

4/5/6

4
5
6

35

MEER-ADERIG 500 VOLT
NEDERLANDSCHE VOORSCHRIFTEN **N 220** (Blz. 71)
N 221 (,, ,,)

10 — 2-ADERIG MET HULPDRADEN

11 — 3-ADERIG MET HULPDRADEN

12 — 4-ADERIG MET HULPDRADEN

2/3 ware grootte

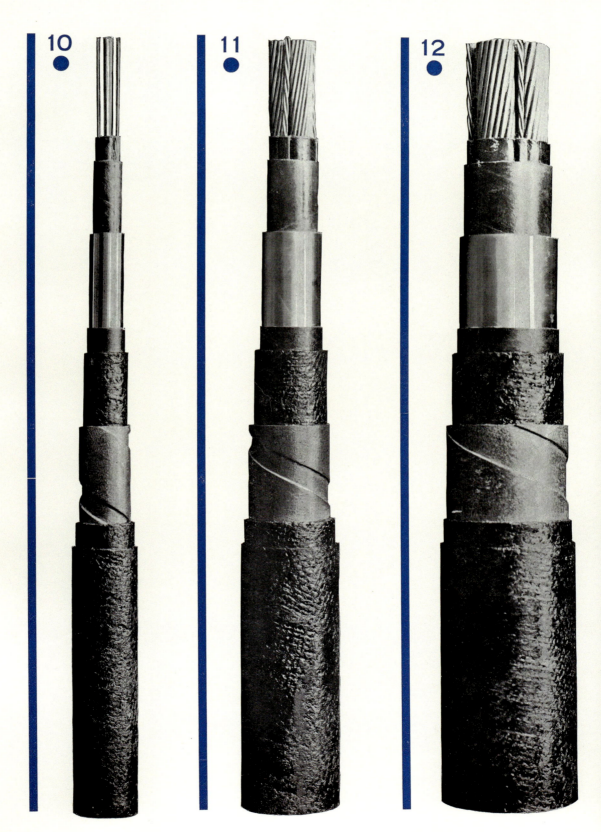

3.000 VOLT
NEDERLANDSCHE VOORSCHRIFTEN

N 222
(Blz. 72)

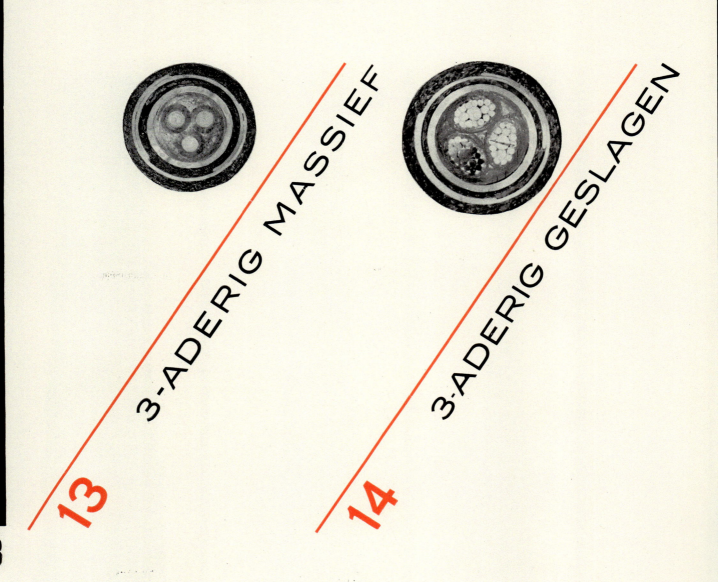

2/3 ware grootte

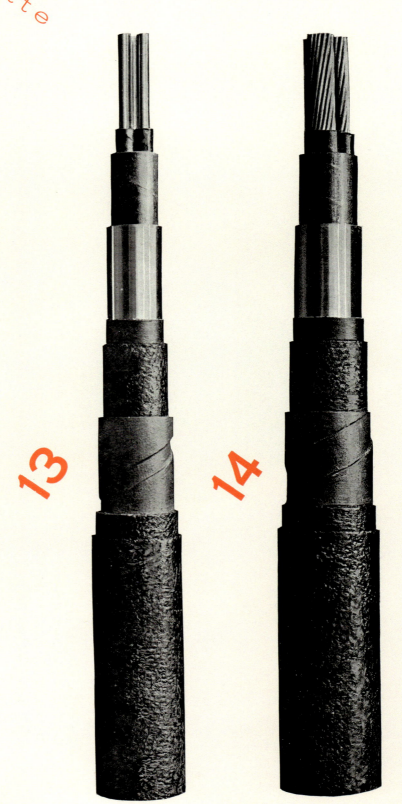

13 14

6,000 VOLT
NEDERLANDSCHE VOORSCHRIFTEN
N 222
(Blz. 72)

15

40

10.000 VOLT
NEDERLANDSCHE VOORSCHRIFTEN

N 223	(Blz. 72)
N 224	(Blz. 73)
N 225	(„ „)
N 226	(„ „)

16
3-ADERIG
MASSIEF

17
3-ADERIG
GESLAGEN

18
3-ADERIG
GESLAGEN

16 17 18

2/3 ware grootte

43

6-ADERIGE STERKSTROOMKABEL VOOR **10.000** V
toegepast voor het SPLITCONDUCTOR BEVEILIGING-SYSTEEM

SPLITCONDUCTOR DER TOEKOMST

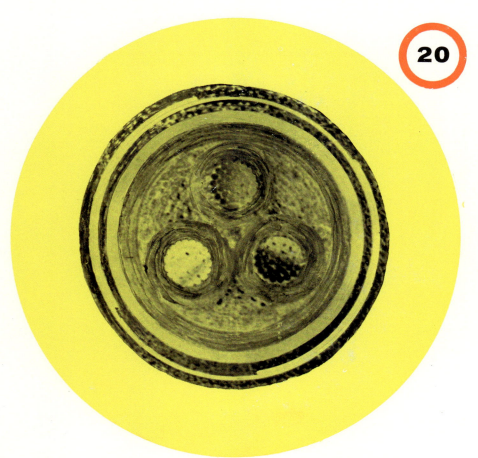

3-ADERIGE HOOGSPANNINGSKABEL VOOR **30.000** V
MET GORDELISOLATIE
VULLING VOLGENS NEDERLANDSCH OCTROOI 10822

21

HOOGSPANNINGSKABEL MET GEPATENTEERDE METAALLAGEN

"H" KABEL

21

"H"

GEMETALLISEERD PAPIER OM DE ADERS

47

Wij Willen niet dat een verbruiker „tevreden" is
Wij Willen dat hij „enthousiast" is

TELEFOON-KABEL
MET LUCHT- EN PAPIERISOLATIE
100 DUBBELADERS
NEDERLANDSCHE VOORSCHRIFTEN **N 286**

(zie Blz. 74)

24

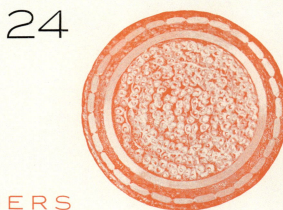

100 DUBBELADERS

52

TELEFOON-KABEL
MET LUCHT- EN PAPIERISOLATIE
200 4-DRAADSGROEPEN (STERKABEL)

NEDERLANDSCHE VOORSCHRIFTEN **V 288**
V 289
(ZIE Blz. 76)

25

200 4-DRAADSGROEPEN

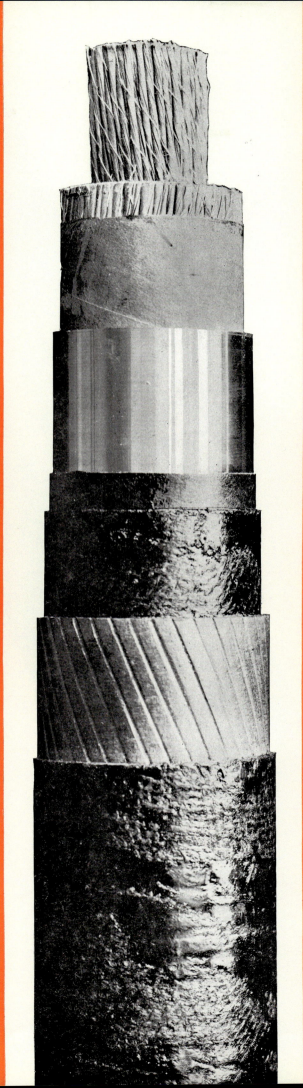

56

30-ADERIGE TELEFOONKABEL

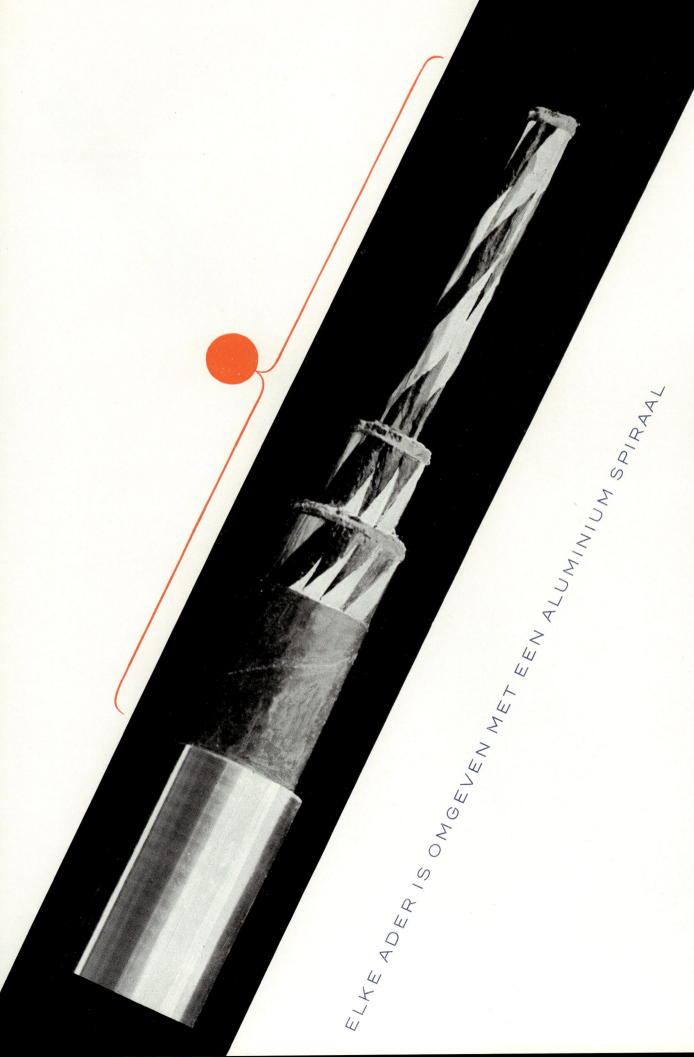

ELKE ADER IS OMGEVEN MET EEN ALUMINIUM SPIRAAL

57

58

GECOMBINEERDE KABEL VOOR TELEFOON EN MEETDOELEINDEN

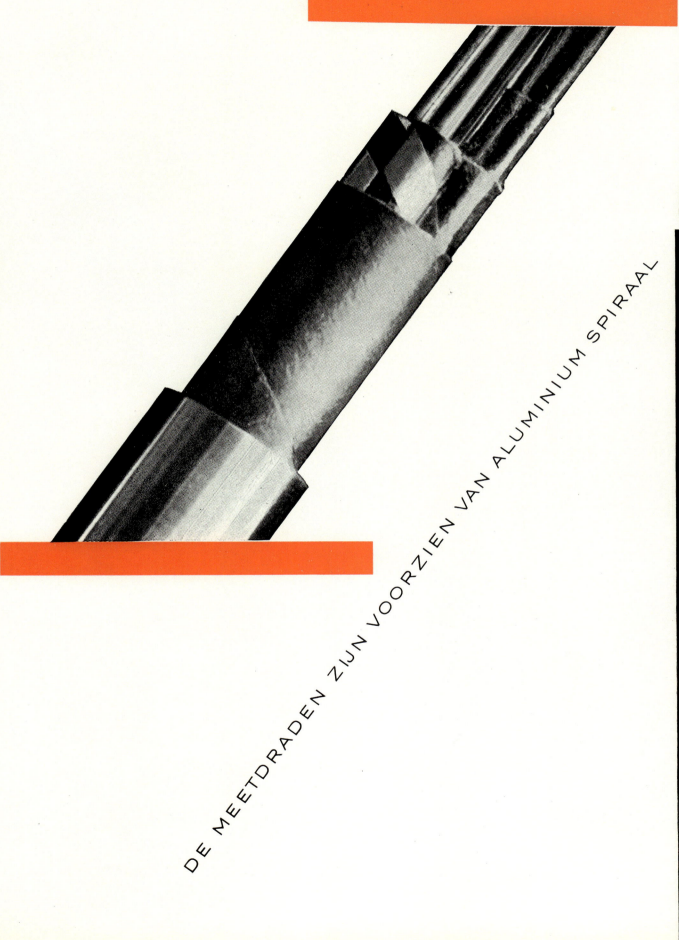

DE MEETDRADEN ZIJN VOORZIEN VAN ALUMINIUM SPIRAAL

59

GECOMBINEERDE STERKSTROOM-TELEFOONKABEL

60

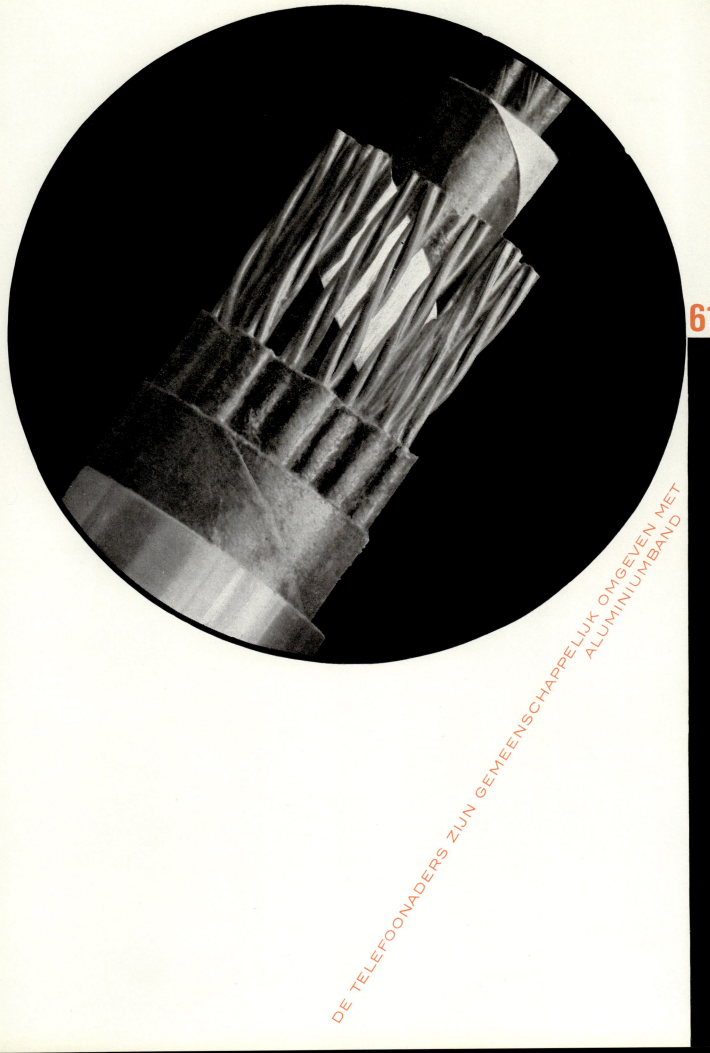

61

DE TELEFOONADERS ZIJN GEMEENSCHAPPELIJK OMGEVEN MET ALUMINIUMBAND

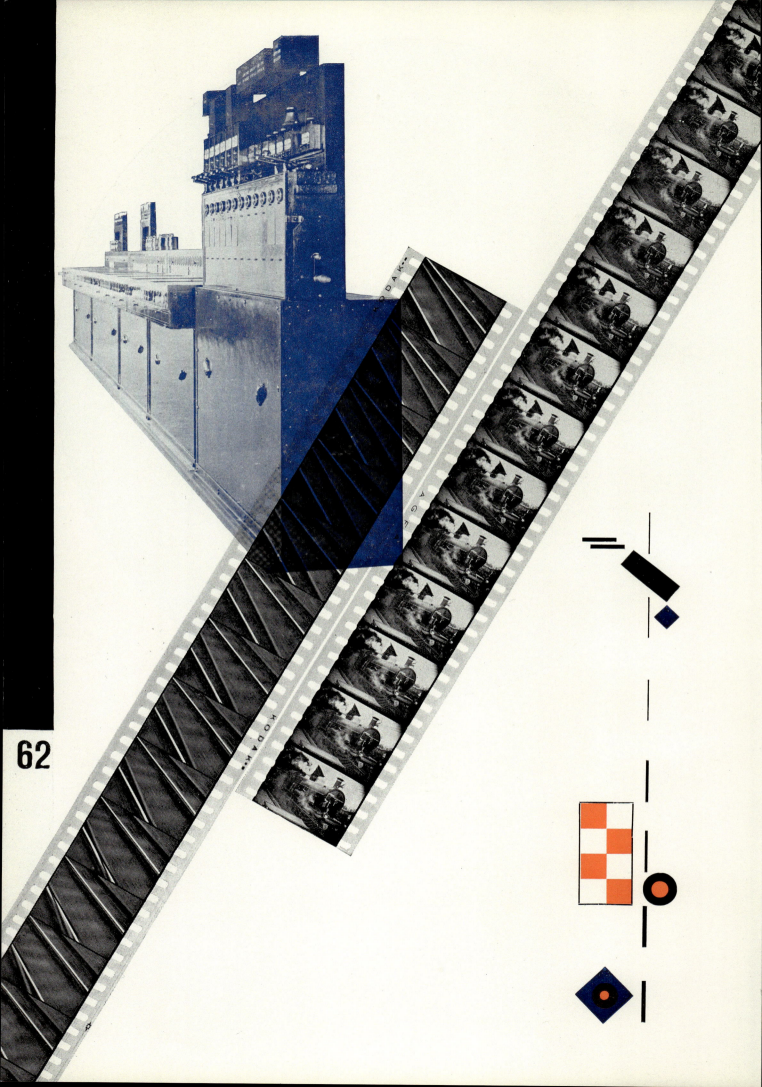

SIGNAAL- en BLOKKABEL

63

BESCHERMINGEN welke
TREKSPANNINGEN kunnen opnemen

a voor zwaren trek; nagenoeg gesloten

b minder sterk, doch gesloten

c sterk en geheel gesloten

d minder sterk, doch goedkoop

e minder sterk, niet geheel gesloten;
kan voor grootere sterkte ook
uit staal worden gemaakt
(schachtkabels)

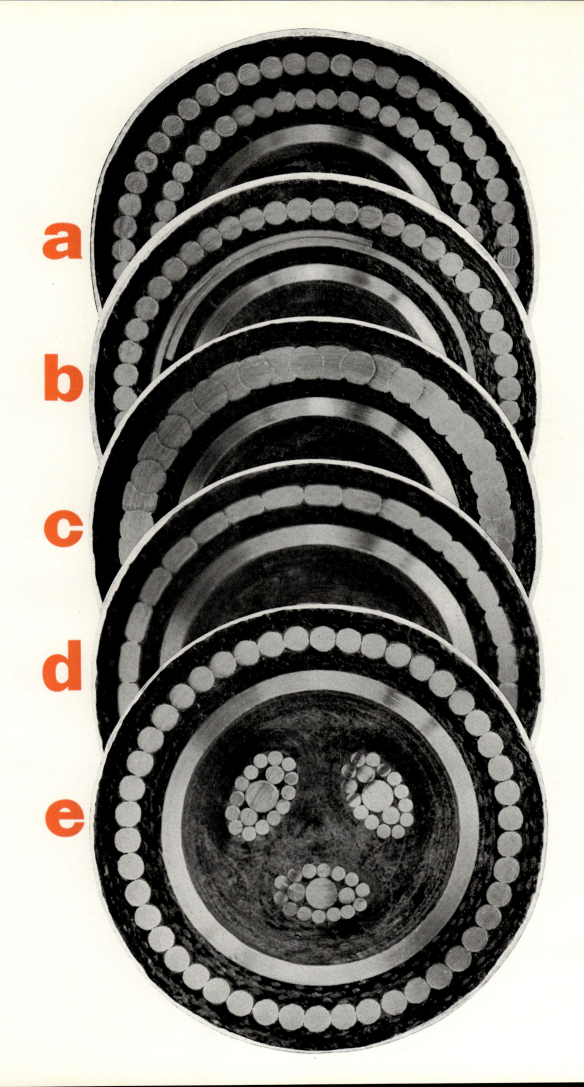

VULMASSA

NEDERLANDSCHE VOORSCHRIFTEN

N 52

N 53

(Blz. 77)

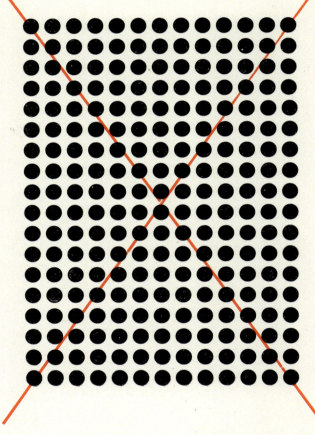

diagonaalproef

66

Telefoonkabel met Hooge zelfinductie

systeem KRARUP

68

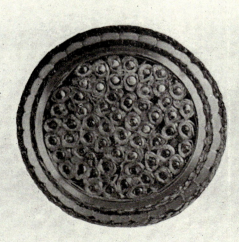

KRARUP-KABEL 15 x 4 x 1,5 mM

MIJ. van NIJVERHEID — VASTGESTELD AUG. 1924 — KON. INST. v. ING.
HOOFDCOMMISSIE VOOR DE NORMALISATIE IN NEDERLAND

600 V
ZIE Blz. 30-31

	Spanning in volt	Soort	Maximum toelaatbare spanning in volt	Volgens blad
Laagspanning	600	1-aderig, met en zonder hulpdraad	750	N 217
	500	2-, 3- en 4-aderig. Zware constructie (z. c.)	750	N 218
	500	2-, 3- en 4-aderig. Lichte constructie (l. c.)	750	N 219
	500	2-, 3- en 4-aderig, met hulpdraden (z. c.)	750	N 220
	500	2-, 3- en 4-aderig, met hulpdraden (l. c.)	750	N 221
Hoogspanning	3000	3-aderig	3300	N 222
	6000	3-aderig	6600	N 222
	10000	3-aderig	11000	N 223

MATERIAAL.
KERNEN: Electrolytisch koper, maximum weerstand per km/mm² bij 20° C: 17,85 Ω. Weerstandsverandering per km/mm² per 1° C: 0,068.
LOODMANTEL: Gehalte aan zuiver lood minstens 99,75 %.
ASPHALTCOMPOUND: Hoofdzakelijk uit asphalt samen te stellen; blijvend zuurvrij.

KLEUREN DER ADERS.
Bij *twee-aderigen kabel* één der aders rood te kleuren, *drie-aderigen kabel*: in rechts cyclische volgorde gezien tegen het buiteneinde van den kabel op den haspel: rood-geel (ongekleurd)-blauw; *vier-aderigen kabel*: in dezelfde volgorde: rood-geel-blauw-blauwgeel geringd (nulleider).

AFWERKING.
Papierisolatie deugdelijk te impregneeren; de loodmantel en de daaromheen aangebrachte lagen deugdelijk te asphalteeren; de loodmantel moet glad zijn en vrij van scheurtjes. Het bandijzer roestvrij in bewerking te brengen; de kabel moet aan de buitenzijde glad zijn en mag op den haspel aangebracht niet kleven.

CONTROLE.
NOMINALE KERNDOORSNEDE: Deze te berekenen uit den maximalen specifieken weerstand en den gemeten weerstand herleid op 20° C en 1 km lengte; voor de lengte van de kern de totale kabellengte te nemen. Voor maximale weerstanden der opvolgende doorsneden, zie tabel achterzijde.
ISOLATIEDIKTE: Deze bij ronde kernen te bepalen uit ø onder lood en ø der aders en kernen; hierbij steeds den omtrek te meten en door n te deelen. Bij sectorvormige kernen de dikte der ader-isolatie te bepalen door voor en na verwijdering dezer isolatie de hoogte der sectoren met een micrometer te meten. De dikte van de gemeenschappelijke isolatie in beide gevallen te bepalen uit omtreksmeting voor en na verwijdering dezer isolatie.
LOODMANTELDIKTE: Deze te bepalen door op 5 gelijkmatig over den omtrek verdeelde plaatsen de dikte van een uitgevouwen stuk met een micrometer te meten.
De dikte van bandijzer en jutebedekking op verschillende plaatsen te meten en daarvan het gemiddelde te nemen.

MAATAFWIJKINGEN.
De gemiddelden der gemeten waarden moeten minstens gelijk zijn aan die, welke in de tabellen zijn aangegeven; de maximaal toelaatbare plaatselijke maatafwijkingen bedragen voor:
de isolatiedikte 0,2 mm
de loodmanteldikte 10 %
de bandijzerdikte 7,5 %
de dikte der jutebedekking 10 %

KEURINGSEISCHEN zie N 224; **STROOMBELASTING** zie N 225.

STERKSTROOMKABEL (MET PAPIER-ISOLATIE)
OVERZICHTSBLAD

N 216
I.I.B: 621.315.2

Nadruk alleen met toestemming van de Hoofdcommissie voor de Normalisatie in Nederland

OPMERKING: Uit de maximale waarde 17,85 Ω van den weerstand per km|mm² bij 20° C. volgens onderstaande maximale waarden voor de verschillende kerndoorsneden.

Kerndoorsnede in mm²	Ω per km bij 20° C	Kerndoorsnede in mm²	Ω per km bij 20° C	Kerndoorsnede in mm²	Ω per km bij 20° C
6	2,980	70	0,255	300	0,060
10	1,785	95	0,188	400	0,045
16	1,130	120	0,149	500	0,036
25	0,715	150	0,119	625	0,029
35	0,510	185	0,097	800	0,022
50	0,358	240	0,074	1000	0,018

MIJ. van NIJVERHEID — VASTGESTELD AUG. 1924 — KON. INST. v. ING. — **69**
HOOFDCOMMISSIE VOOR DE NORMALISATIE IN NEDERLAND

i = Dikte papierisolatie
L = Dikte loodmantel
a = Totale dikte papier op lood [2]
b = Dikte geasphalteerde jute (vezelstof) op lood
c = Dikte enkele laag bandijzer
d = Dikte enkele laag geasphalteerde jute (vezelstof) op ijzer [4]

MATEN in mm

Nominale kerndoorsnede in mm²	Minimum aantal draden der kern zonder hulpdraad	met hulpdraad	i	L	a	b	2 × c	2 × d
6	1		1,75	1,2	0,3	1,5	2 × 0,5	2 × 1,5
10	1		1,75	1,2	0,3	1,5	2 × 0,5	2 × 1,5
16	1		2	1,2	0,3	1,5	2 × 0,5	2 × 1,5
25	7		2	1,2	0,3	1,5	2 × 0,8	2 × 1,5
35	7		2	1,3	0,3	1,5	2 × 0,8	2 × 1,5
50	19		2	1,3	0,3	1,5	2 × 0,8	2 × 1,5
70	19	13	2	1,4	0,3	1,5	2 × 0,8	2 × 1,5
95	19	13	2	1,4	0,3	1,5	2 × 1,0	2 × 1,5
120	19	13	2	1,5	0,3	2	2 × 1,0	2 × 1,5
150	19	18	2,25	1,6	0,3	2	2 × 1,0	2 × 1,5
185	37	26	2,25	1,7	0,3	2	2 × 1,0	2 × 1,5
240	37	29	2,50	1,8	0,3	2	2 × 1,0	2 × 1,5
300	37	36	2,50	1,9	0,3	2,5	2 × 1,0	2 × 1,5
400	37	36	2,50	2,0	0,3	2,5	2 × 1,0	2 × 1,5
500	37	36	2,75	2,1	0,3	2,5	2 × 1,0	2 × 1,5
625	37	36	2,75	2,2	0,3	2,5	2 × 1,0	2 × 1,5
800	37	36	3	2,4	0,3	2,5	2 × 1,0	2 × 1,5
1000	61	60	3	2,6	0,3	2,5	2 × 1,0	2 × 1,5

[1] Bij kabels met hulpdraad blijft de nominale kerndoorsnede dezelfde.
[2] De doorsnede van den hulpdraad bedraagt 1 mm².
[3] Minstens 2 lagen met 3 mm overlap aan te brengen.
[4] De binnenste laag volgens rechtschen, de buitenste volgens linkschen schroefgang o wikkelen.

Voor buitenmiddellijn en gewicht der kabels zie tabel

BLANKE EN GEASPHALTEERDE LOODKABEL:
Hiervoor gelden de kolommen i en L, resp. i, L, a en 2 × d.

DIT BLAD TE GEBRUIKEN IN COMBINATIE MET **N 216**

1-ADERIGE STERKSTROOMKABEL 600 V
(MAXIMUM TOELAATBARE SPANNING 750 V)
MET EN ZONDER HULPDRAAD

N 217
I.I.B: 621.315.2

Nadruk alleen met toestemming van de Hoofdcommissie voor de Normalisatie in Nederland

OPMERKINGEN: 1. Onderstaande tabel geeft bij benadering buitenmiddellijn en gewicht der kabels volgens dit blad:

Nom. kerndoorsnede in mm²	Buiten ø in mm ±	Gewicht in kg per 100 m ±	Nom. kerndoorsnede in mm²	Buiten ø in mm ±	Gewicht in kg per 100 m ±
6	20	85	150	38	440
10	21	95	185	40	500
16	22	115	240	43	600
25	25	160	300	47	725
35	27	185	400	50	875
50	28	215	500	54	1030
70	30	260	625	58	1230
95	32	300	800	63	1500
120	35	370	1000	68	1780

2. Kabels volgens de Duitsche en Engelsche normen (resp. V. D. E. No. 27, Oct. 1922 en B. E. S. A. Nos. 7 en 152, 1922) voldoen aan de op dit blad gegeven minimum-waarden voor isolatie-, loodmantel- en bandijzer-dikte; die volgens Belgische en Fransche normen (resp. A. B. S. No. 14, Maart 1923 en U. S. E. No. 188, Maart 1923) voldoen wat betreft loodmantel-dikte (U. S. E. No. 188 vermeldt geen isolatie-dikte).

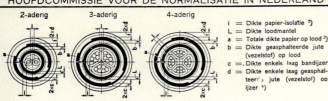
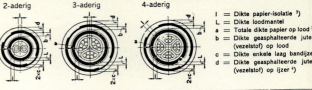

Nominale kerndoorsnede in mm²		Kern en minimum aantal draden [1]		i	L	a	b	2×c	2×d
2-ad.	6	rond	massief	2,0	1,3	0,3	1,5	2×0,8	2×1,5
	10			2,0	1,4	0,3	1,5	2×0,8	2×1,5
3-aderig	6	rond	massief	2,0	1,4	0,3	1,5	2×0,8	2×1,5
	10			2,0	1,4	0,3	1,5	2×0,8	2×1,5
	16			2,0	1,4	0,3	1,5	2×0,8	2×1,5
	25		6	2,0	1,5	0,3	1,5	2×0,8	2×1,5
	35		6	2,0	1,6	0,3	2	2×1,0	2×1,5
	50	sectorvormig	15	2,0	1,7	0,3	2	2×1,0	2×1,5
	70		15	2,0	1,8	0,3	2	2×1,0	2×1,5
	95		15	2,0	1,8	0,3	2,5	2×1,0	2×1,5
	120		15	2,0	1,9	0,3	2,5	2×1,0	2×1,5
	150		30	2,0	2,0	0,3	2,5	2×1,0	2×1,5
	185		30	2,2	2,3	0,3	2,5	2×1,0	2×1,5
	240		30	2,2	2,4	0,3	2,5	2×1,0	2×1,5
4-aderig [4]	6	rond	massief	2,0	1,4	0,3	1,5	2×0,8	2×1,5
	10			2,0	1,4	0,3	1,5	2×0,8	2×1,5
	16			2,0	1,5	0,3	1,5	2×0,8	2×1,5
	25		6	2,0	1,6	0,3	2	2×0,8	2×1,5
	35		6	2,0	1,7	0,3	2	2×1,0	2×1,5
	50	sectorvormig	15	2,0	1,9	0,3	2,5	2×1,0	2×1,5
	70		15	2,0	2,0	0,3	2,5	2×1,0	2×1,5
	95		15	2,0	2,1	0,3	2,5	2×1,0	2×1,5
	120		15	2,0	2,2	0,3	2,5	2×1,0	2×1,5

[1]) Maximum doorsnede per draad 25⁵/₆ der kerndoorsnede, doch niet meer dan 25 mm².
[²]) Isolatiedikte tusschen kernen onderling en tusschen kern en loodmantel gelijk.
[³]) Minstens 2 lagen met 3 mm overlap aan te brengen.
[⁴]) De binnenste laag volgens rechtschen, de buitenste volgens linkschen schroefgang te wikkelen.
[⁵]) Vier kernen van gelijke doorsnede.

Voor buitenmiddellijn en gewicht der kabels zie tabel

BLANKE EN GEASPHALTEERDE LOODKABEL:
Hiervoor gelden de kolommen i en L, resp. i, L, a en 2 × d.

DIT BLAD TE GEBRUIKEN IN COMBINATIE MET **N 216**

2-, 3- EN 4-ADERIGE STERKSTROOMKABEL 500 V
(MAXIMUM TOELAATBARE SPANNING 750 V)
ZWARE CONSTRUCTIE

N 218
I.I.B: 621.315.2

OPMERKINGEN:

1. Aanbevolen wordt kabels van **zware constructie** toe te passen in gevallen, waarin een herhaalde mechanische belasting door buigen, enz. kan worden verwacht, zooals b.v. in stedelijke netten (veelvuldig graven in den bodem, leggen van andere leidingen); kabels van **lichte constructie** te gebruiken, indien dit in mindere mate is te vreezen.

2. Onderstaande tabel geeft bij benadering buitenmiddellijn en gewicht der kabels volgens dit blad:

Nom. kerndoorsnede in mm²		Buiten ⌀ in mm ±	Gewicht in kg per 100 m ±	Nom. kerndoorsnede in mm²		Buiten ⌀ in mm ±	Gewicht in kg p 100 m ±
2-aderig	6	27	180		6	29	220
	10	29	200		10	31	260
3-aderig	6	28	195	4-aderig	16	33	320
	10	29	215		25	38	410
	16	32	275		35	40	500
	25	33	325		50	44	610
	35	37	400		70	49	770
	50	40	500		95	53	950
	70	43	600		120	56	1100
	95	47	740				
	120	50	870				
	150	53	1020				
	185	58	1200				
	240	62	1460				

3. Kabels volgens de Duitsche en Engelsche normen (resp. V. D. E. No. 27, Oct. 1922 en B. E. S. A. Nos. 7 en 152, 1922) voldoen aan de op dit blad gegeven minimum-waarden voor isolatie-, loodmantel- en bandijzerdikte; die volgens Belgische en Fransche normen (resp. A. B. S. No. 14, Maart 1923 en U. S. E. No. 188, Maart 1923) voldoen wat betreft loodmantel-dikte (U. S. E. No. 188 vermeldt geen isolatiedikte).

Lichte constructie (N 219)

Nominale Kerndoorsnede in mm²		Kern en minimum aantal draden [1]		i	L	a	b	2×c	d
2-ad.	6	rond	massief	1,5	1,3	0,3	1,5	2×0,5	1,5
	10			1,5	1,3	0,3	1,5	2×0,5	1,5
3-aderig	6	rond	massief	1,5	1,3	0,3	1,5	2×0,5	1,5
	10			1,5	1,3	0,3	1,5	2×0,5	1,5
	16			1,5	1,3	0,3	1,5	2×0,5	1,5
	25		6	1,7	1,3	0,3	1,5	2×0,5	1,5
	35		6	1,7	1,4	0,3	1,5	2×0,5	1,5
	50	sectorvormig	15	1,7	1,5	0,3	2	2×0,5	1,5
	70		15	1,8	1,6	0,3	2	2×0,5	1,5
	95		15	1,8	1,7	0,3	2,5	2×0,5	1,5
	120		15	2,0	1,8	0,3	2,5	2×0,7	1,5
	150		30	2,0	1,9	0,3	2,5	2×0,7	1,5
	185		30	2,2	2,1	0,3	2,5	2×0,7	1,5
	240		30	2,2	2,2	0,3	2,5	2×0,7	1,5
4-aderig [4]	6	rond	massief	1,5	1,3	0,3	1,5	2×0,5	1,5
	10			1,5	1,3	0,3	1,5	2×0,5	1,5
	16			1,5	1,3	0,3	1,5	2×0,5	1,5
	25		6	1,7	1,5	0,3	2	2×0,5	1,5
	35		6	1,7	1,6	0,3	2	2×0,5	1,5
	50	sectorvormig	15	1,7	1,6	0,3	2	2×0,5	1,5
	70		15	1,8	1,8	0,3	2,5	2×0,7	1,5
	95		15	1,8	1,9	0,3	2,5	2×0,7	1,5
	120		15	2,0	2,0	0,3	2,5	2×0,7	1,5

[1]) Maximum doorsnede per draad 25⁵/₆ der kerndoorsnede, doch niet meer dan 25 mm².
[²]) Isolatiedikte tusschen kernen onderling en tusschen kern en loodmantel gelijk.
[³]) Minstens 2 lagen met 3 mm overlap aan te brengen.
[⁴]) Volgens linkschen schroefgang te wikkelen.
[⁵]) Vier kernen van gelijke doorsnede.

Voor buitenmiddellijn en gewicht der kabels zie tabel

BLANKE EN GEASPHALTEERDE LOODKABEL:
Hiervoor geldt uitsluitend de uitvoering volgens N 218 (zware constructie)

DIT BLAD TE GEBRUIKEN IN COMBINATIE MET **N 216**

2-, 3- EN 4-ADERIGE STERKSTROOMKABEL 500 V
(MAXIMUM TOELAATBARE SPANNING 750 V)
LICHTE CONSTRUCTIE

N 219
I.I.B: 621.315.2

OPMERKINGEN:

1. Aanbevolen wordt kabels van **zware constructie** toe te passen in gevallen, waarin een herhaalde mechanische belasting door buigen, enz. kan worden verwacht, zooals b.v. in stedelijke netten (veelvuldig graven in den bodem, leggen van andere leidingen); kabels van **lichte constructie** te gebruiken, indien dit in mindere mate is te vreezen.

2. Onderstaande tabel geeft bij benadering buitenmiddellijn en gewicht der kabels volgens dit blad:

Nom. kerndoorsnede in mm²		Buiten ⌀ in mm ±	Gewicht in kg p 100 m ±	Nom. kerndoorsnede in mm²		Buiten ⌀ in mm ±	Gewicht in kg p 100 m ±
2-aderig	6	21	135		6	23	165
	10	23	160		10	25	200
3-aderig	6	22	140	4-aderig	16	27	240
	10	24	170		25	32	330
	16	26	210		35	34	410
	25	28	250		50	37	500
	35	31	310		70	44	680
	50	34	400		95	48	840
	70	37	500		120	52	1000
	95	41	620				
	120	46	780				
	150	49	920				
	185	54	1100				
	240	58	1340				

3. Voor kabels volgens de Belgische normen (A. B. S. No. Maart 1923) is bij de doorsneden 25 t/m 70 mm² een klein isolatiedikte toegelaten; overigens voldoen zij aan de op dit blad geven minimum-waarden voor isolatie-, loodmantel- en bandijzerdi

500 v. ZIE Blz. 32-35

500 V. ZIE Blz. 36-37

OPMERKINGEN: N 220

Aanbevolen wordt kabels van **zware constructie** toe te passen in gevallen, waarin een herhaalde mechanische belasting door buigen enz. kan worden verwacht, zooals b.v. in stedelijke netten (veelvuldig graven in den bodem, leggen van andere leidingen); kabels van **lichte constructie** te gebruiken, indien dit in mindere mate is te vreezen.

Onderstaande tabel geeft bij benadering buitenmiddellijn en gewicht der kabels volgens dit blad:

Nominale kerndoorsnede in mm²	Buiten ⌀ in mm ±	Gew. in kg per 100 m +	Nominale kerndoorsnede in mm²	Buiten ⌀ in mm ±	Gew. in kg per 100 m +
2-aderig 6	27	180	4-aderig 6	29	220
10	29	200	10	31	260
3-aderig 6	29	210	16	33	320
10	31	250	25	39	420
16	32	285	35	41	510
25	34	330	50	44	620
35	38	410	70	49	780
50	40	510	95	53	970
70	43	610	120	56	1100
95	47	750			
120	50	880			

OPMERKINGEN: N 221

1. Aanbevolen wordt kabels van **zware constructie** toe te passen in gevallen, waarin een herhaalde mechanische belasting door buigen enz. kan worden verwacht, zooals b.v. in stedelijke netten (veelvuldig graven in den bodem, leggen van andere leidingen); kabels van **lichte constructie** te gebruiken, indien dit in mindere mate is te vreezen.

2. Onderstaande tabel geeft bij benadering buitenmiddellijn en gewicht der kabels volgens dit blad:

Nominale kerndoorsnede in mm²	Buiten ⌀ in mm ±	Gew. in kg per 100 m ±	Nominale kerndoorsnede in mm²	Buiten ⌀ in mm ±	Gew. in kg per 100 m ±
2-aderig 6	23	140	4-aderig 6	25	170
10	24	165	10	26	210
3-aderig 6	24	160	16	29	250
10	27	210	25	33	340
16	27	220	35	36	420
25	29	260	50	39	520
35	32	330	70	44	690
50	35	420	95	48	850
70	38	520	120	52	1000
95	42	650			
120	46	800			

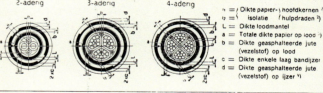

71

MIJ. van NIJVERHEID — VASTGESTELD SEPT. 1925 — KON. INST. v. ING.
HOOFDCOMMISSIE VOOR DE NORMALISATIE IN NEDERLAND

(N 220) 2-, 3- EN 4-ADERIGE STERKSTROOMKABEL 500 V
(MAXIMUM TOELAATBARE SPANNING 750 V)
KABEL MET HULPDRADEN - ZWARE CONSTRUCTIE
I.I.B: 621.315.2

(N 221) 2-, 3- EN 4-ADERIGE STERKSTROOMKABEL 500 V
(MAXIMUM TOELAATBARE SPANNING 750 V)
KABEL MET HULPDRADEN - LICHTE CONSTRUCTIE
I.I.B: 621.315.2

| MIJ. van NIJVERHEID | VASTGESTELD SEPT. 1925 | KON. INST. v. ING. |

HOOFDCOMMISSIE VOOR DE NORMALISATIE IN NEDERLAND

i = Dikte papier-isolatie [2]
L = Dikte loodmantel
a = Totale dikte papier op lood [3]
b = Dikte geasphalteerde jute (vezelstof) op lood
c = Dikte enkele laag bandijzer
d = Dikte enkele laag geasphalteerde jute (vezelstof) op ijzer [4]

MATEN in mm

3000 V

Nominale kerndoorsnede in mm²	Kern en minimum aantal draden [1]		i	L	a	b	2 × c	2 × d
16	rond	massief	3	1,6	0,3	2,0	2 × 1	2 × 1,5
25		6	3	1,6	0,3	2,0	2 × 1	2 × 1,5
35		6	3	1,7	0,3	2,0	2 × 1	2 × 1,5
50	sectorvormig	15	3	1,8	0,3	2,0	2 × 1	2 × 1,5
70		15	3	1,9	0,3	2,5	2 × 1	2 × 1,5
95		15	3	2,0	0,3	2,5	2 × 1	2 × 1,5
120		15	3	2,1	0,3	2,5	2 × 1	2 × 1,5
150		30	3	2,2	0,3	2,5	2 × 1	2 × 1,5

6000 V

Nominale kerndoorsnede in mm²	Kern en minimum aantal draden		i	L	a	b	2 × c	2 × d
16	rond	massief	4	1,7	0,3	2,0	2 × 1	2 × 1,5
25		6	4	1,7	0,3	2,0	2 × 1	2 × 1,5
35		6	4	1,8	0,3	2,0	2 × 1	2 × 1,5
50	sectorvormig	15	4	1,9	0,3	2,5	2 × 1	2 × 1,5
70		15	4	2,0	0,3	2,5	2 × 1	2 × 1,5
95		15	4	2,1	0,3	2,5	2 × 1	2 × 1,5
120		15	4	2,2	0,3	2,5	2 × 1	2 × 1,5
150		30	4	2,3	0,3	2,5	2 × 1	2 × 1,5

[1] Maximum doorsnede per draad 25 % der kerndoorsnede, doch niet meer dan 16 mm²
[2] Isolatiedikte tusschen kernen onderling en tusschen kern en loodmantel gelijk
[3] Minstens 2 lagen met 3 mm overlap aan te brengen
[4] De binnenste laag volgens linkschen, de buitenste volgens rechtschen schroefgang te wikkelen

Voor buitenmiddellijn en gewicht der kabels zie tabel

BLANKE EN GEASPHALTEERDE LOODKABEL:
Hiervoor gelden de kolommen i en L, resp. i, L, a en 2 × d

DIT BLAD TE GEBRUIKEN IN COMBINATIE MET **N 216**

3-ADERIGE STERKSTROOMKABEL 3000 EN 6000 V — **N 222**
(MAXIMUM TOELAATBARE SPANNING 3300 RESP. 6600 V)
I.I.B: 621.315.2

NADRUK ALLEEN MET TOESTEMMING VAN DE HOOFDCOMMISSIE VOOR DE NORMALISATIE IN NEDERLAND

| MIJ. van NIJVERHEID | VASTGESTELD SEPT. 1925 | KON. INST. v. ING. |

HOOFDCOMMISSIE VOOR DE NORMALISATIE IN NEDERLAND

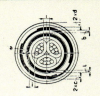

i = Dikte papier-isolatie [2]
L = Dikte loodmantel
a = Totale dikte papier op lood [3]
b = Dikte geasphalteerde jute (vezelstof) op lood
c = Dikte enkele laag bandijzer
d = Dikte enkele laag geasphalteerde jute (vezelstof) op ijzer [4]

MATEN in mm

10000 V

Nominale kerndoorsnede in mm²	Kern en minimum aantal draden [1]		i	L	a	b	2 × c	2 × d
10	rond	massief	5,5	1,8	0,3	2,0	2 × 1	2 × 1,5
16			5,5	1,9	0,3	2,5	2 × 1	2 × 1,5
25		6	5,0	1,9	0,3	2,5	2 × 1	2 × 1,5
35		6	5,0	1,9	0,3	2,5	2 × 1	2 × 1,5
50	sectorvormig	15	5,0	2,0	0,3	2,5	2 × 1	2 × 1,5
70		15	5,0	2,1	0,3	2,5	2 × 1	2 × 1,5
95		15	5,0	2,2	0,3	2,5	2 × 1	2 × 1,5
120		15	5,0	2,3	0,3	2,5	2 × 1	2 × 1,5
150		30	5,0	2,4	0,3	2,5	2 × 1	2 × 1,5

[1] Maximum doorsnede per draad 25 % der kerndoorsnede doch niet meer dan 16 mm²
[2] Deze waarden gelden voor kabels, welke voldoen aan de proef volgens N 226 (diëlectrische verliezen). Wordt deze proef niet geëischt, dan moet de *isolatie zwaarder* worden uitgevoerd. Isolatiedikte tusschen kernen onderling en tusschen kern en loodmantel gelijk.
[3] Is de ø onder lood grooter dan overeenkomt met de in de tabel aangegeven waarden (zwaardere isolatie zie noot 2) dan de looddikte uit te voeren volgens de formule $L = \frac{\lambda + 28}{30}$ mm, waarin $\lambda = \phi$ van den kabel zonder loodmantel, naar boven af te ronden in 0,1 mm.
[4] Minstens 2 lagen met 3 mm overlap aan te brengen
[5] De binnenste laag volgens linkschen, de buitenste volgens rechtschen schroefgang te wikkelen

Voor buitenmiddellijn en gewicht der kabels zie tabel

BLANKE EN GEASPHALTEERDE LOODKABEL:
Hiervoor gelden de kolommen i en L, resp. i, L, a en 2 × d

DIT BLAD TE GEBRUIKEN IN COMBINATIE MET **N 216**

3-ADERIGE STERKSTROOMKABEL 10000 V — **N 223**
(MAXIMUM TOELAATBARE SPANNING 11000 V)
I.I.B: 621.315.2

NADRUK ALLEEN MET TOESTEMMING VAN DE HOOFDCOMMISSIE VOOR DE NORMALISATIE IN NEDERLAND

OPMERKINGEN: N 222

1. Onderstaande tabel geeft bij benadering buitenmiddellijn en gewicht der kabels volgens dit blad:

3000 V			6000 V		
Nom. kerndoorsnede in mm²	Buiten ø in mm ±	Gewicht in kg per 100 m ±	Nom. kerndoorsnede in mm²	Buiten ø in mm ±	Gewicht in kg per 100 m ±
16	37	360	16	40	430
25	38	420	25	41	480
35	41	460	35	44	550
50	43	560	50	48	650
70	47	700	70	51	770
95	51	830	95	54	910
120	54	950	120	57	1040
125	58	1120	150	61	1180

2. Kabels volgens de Duitsche en Engelsche normen (resp. V.D.E. No. 27, Oct. 1922 en B.E.S.A. Nos. 7 en 152, 1922) voldoen aan de op dit blad gegeven minimum-waarden voor isolatie-, loodmantel- en bandijzer-dikte; die volgens Belgische en Fransche normen (resp. A.B.S. No. 14, Maart 1923 en U.S.E. No. 188, Maart 1923) voldoen wat betreft loodmanteldikte (U.S.E. No. 188 vermeldt geen isolatie-dikte).

OPMERKING: N 223

Onderstaande tabel geeft bij benadering buitenmiddellijn en gewicht der kabels volgens dit blad:

10000 V		
Nominale kerndoorsnede in mm²	Buiten ø in mm ±	Gewicht in kg per 100 m ±
10	43	470
16	46	550
25	46	560
35	48	630
50	51	730
70	54	850
95	57	1000
120	60	1130
150	65	1280

3000 V ZIE Blz. 38-39
6000 V ZIE Blz. 40-41
10000 V ZIE Blz. 42-43

| MIJ. VAN NIJVERHEID | VASTGESTELD SEPT. 1925 | KON. INST. v. ING. |

HOOFDCOMMISSIE VOOR DE NORMALISATIE IN NEDERLAND

KABELS VOOR LAGE SPANNING

1 BUIGPROEF

Bij een temperatuur tusschen 10 en 15° C een stuk kabel met armeering, 3 volle slagen op een doorn wikkelen, waarvan de ø = 12 × buiten ø van den kabel na strekking deze proef volgens andere beschrijvende lijnen nog 2 × uit te voeren. Bij daaropvolgende beproeving met 2400 V [1]) gedurende 2 minuten in dezelfde schakelingen als proef 2, mag geen doorslag optreden.

2. SPANNINGSPROEF

De kernen t.o.v. elkaar en van den loodmantel telkens gedurende ½ uur met 2000 V [1]) te beproeven; bij nevenstaande schakelingen, daarbij mag geen doorslag optreden. Alle haspels te onderzoeken. Eventueele *hulpdraden* gezamenlijk t.o.v. de overige kernen + loodmantel op dezelfde wijze te beproeven.

3 ISOLATIEWEERSTAND

Met constante gelijkspanning (b.v. 110 V) te meten; voor iedere meting de kern 1 minuut onder spanning te zetten; bij elken kabel moeten de isolatie-weerstanden der kernen bij gelijke schakeling practisch gelijk zijn. De getalwaarden zelf mogen geen maatstaf van beoordeeling vormen. gedurende de lading mag de wijzer van den meter geen schokken vertoonen. Alle haspels te onderzoeken.

4. BEPROEVING NA LEGGING EN MONTAGE

De isolatieweerstand te onderzoeken volgens proef 3, daarna in dezelfde schakelingen als proef 2 de kernen telkens gedurende 5 minuten met 1200 V [1]) te beproeven.

KABELS VOOR HOOGE SPANNING.

1 BUIGPROEF ENZ

Buigproef, spanningsproef, isolatieweerstand en beproeving na legging en montage voor de hoofdkernen als bij kabels voor lage spanning, doch met onderstaande spanningen (in volt).[1])

Kabelsoort	Buigproef	Spanningsproef	
		op haspel	na legging
3000	12000	7500	6000
6000	24000	15000	12000
10000	40000 ♦	25000	20000

♦ Kabels, welke voldoen aan proef 3 (diëlectrische verliezen), na de buiging met 30000 V [1]) te beproeven

2 CAPACITEIT

Bij bepaling met constante gelijkspanning (b.v. 110 V) volgens de methode van den directen uitslag moeten bij elken haspel de capaciteiten der kernen bij gelijke schakeling practisch gelijk zijn. Alle haspels te onderzoeken.

3. DIËLECTRISCHE VERLIEZEN (facultatief: voor 10000 V kabel)
Zie voor deze proef N 226

[1]) De opgegeven spanningswaarden zijn bedoeld voor ongeveer sinusvormige wisselspanning van 50 perioden per seconde; bij beproeving met gelijkspanning deze waarden te verdubbelen.

DIT BLAD TE GEBRUIKEN IN COMBINATIE MET **N 216**

STERKSTROOMKABEL (MET PAPIERISOLATIE)
KEURINGSEISCHEN

N 224
I.I.B: 621.315.2:620.1

NADRUK ALLEEN MET TOESTEMMING VAN DE HOOFDCOMMISSIE VOOR DE NORMALISATIE IN NEDERLAND

KEURINGS-EISCHEN STROOMBELASTING

| MIJ. VAN NIJVERHEID | VASTGESTELD SEPT. 1925 | KON INST v ING |

HOOFDCOMMISSIE VOOR DE NORMALISATIE IN NEDERLAND

Bij ligging in den grond op een diepte van 50—70 cm, continue belasting en niet meer dan 2 kabels per sleuf

STROOMSTERKTEN in ampères

Nominale kerndoorsnede in mm²	Kabels voor lage spanning			Kabels voor hooge spanning t/m 10000 V
	1-aderig	2-aderig	3- en 4-aderig	3-aderig
6	70	53	47	
10	95	70	65	60
16	130		85	80
25	170		110	105
35	210		135	125
50	260		165	155
70	320		200	190
95	385		240	225
120	450		280	260
150	510		315	300
185	575		360	
240	670		420	
300	760			
400	910			
500	1035			
625	1190			
800	1380			
1000	1585			

De tabel is gebaseerd op een maximale temperatuurstijging van 25° C

Bij ligging in zeer drogen grond of in kokers, bij drie of meer kabels per sleuf en bij niet ingegraven kabels 20 % *lagere* waarden toe te passen.

Bij 1 kabel per sleuf kan de stroombelasting 10 % *hooger* zijn; bij kabels met dagbelastingsfactor van 30 % of minder kan de stroombelasting gedurende 1 uur 20 % *hooger* zijn (piek-belasting).

STERKSTROOMKABEL (MET PAPIERISOLATIE)
STROOMBELASTING

N 225
I.I.B: 621.315.2

NADRUK ALLEEN MET TOESTEMMING VAN DE HOOFDCOMMISSIE VOOR DE NORMALISATIE IN NEDERLAND

| MIJ. VAN NIJVERHEID | VASTGESTELD SEPT. 1925 | KON. INST. v. ING. |

HOOFDCOMMISSIE VOOR DE NORMALISATIE IN NEDERLAND

Als steekproef te bepalen het verloop der diëlectrische verliezen met de spanning (sinusvormig, 50 perioden per sec.)

a. bij de omgevings-temperatuur,
b. bij 40° C (kabel eerst langzaam verwarmen en gedurende ½ uur op 40° C houden; de temperatuur te bepalen door weerstandsmeting)
c. na daarop volgende afkoeling (b.v. waterbad) tot een temperatuur tusschen 10° en 15° C

Daarbij te verlangen, dat de spanning, waarboven de verliezen sterker dan met het kwadraat van de spanning toenemen, bij meting **a** tenminste 14000 V en bij meting **c** tenminste 12500 V bedraagt, en dat bij meting **b** voor spanningen beneden die, waarbij de verliezen sterker dan met het kwadraat van de spanning toenemen, de verliezen in watt per meter gedeeld door het kwadraat van de spanning in kilovolt niet meer dan 2 × zoo groot zijn als bij meting **a** en een maximum van $Z \frac{\text{watt per m}}{kV^2}$ niet overschrijden. Voor Z te nemen:

Kerndoor-snede in mm²	10	16	25	35	50	70	95	120	150
Z	0,00075	0,00090	0,0011	0,0013	0,0014	0,0016	0,0017	0,0019	0,0020

De meting moet in de fabriek worden uitgevoerd met geheele fabricage-lengten.
De verliezen te meten tusschen 1 kern en overige kernen plus loodmantel bij 5000-25000 V volgens de brugmethode van Prof. Schering (Archiv für Elektrotechnik 1920 Bd. IX blz. 30); de spanning vlug, doch geleidelijk op te voeren in een achttal ongeveer gelijke trappen. De verliezen worden geacht nog kwadratisch met de spanning toe te nemen, zoolang de verandering van de grootheid $\frac{\text{watt per m}}{kV^2}$ tusschen twee spanningen, die 1000 V verschillen, niet meer bedraagt dan $0,01 \, Z \frac{\text{watt per m}}{kV^2}$

DIT BLAD TE GEBRUIKEN IN COMBINATIE MET **N 216** EN **N 224**

STERKSTROOMKABEL (MET PAPIERISOLATIE)
KEURING OP DIËLECTRISCHE VERLIEZEN
VOOR 10000 V KABEL (FACULTATIEF)

N 226
I.I.B: 621.315.2:620.1

NADRUK ALLEEN MET TOESTEMMING VAN DE HOOFDCOMMISSIE VOOR DE NORMALISATIE IN NEDERLAND

MIJ. VAN NIJVERHEID	VASTGESTELD SEPT. 1925	KON. INST. v. ING.

HOOFDCOMMISSIE VOOR DE NORMALISATIE IN NEDERLAND

GELEIDERS

Elke geleider moet bestaan uit een gladden cylindrischen draad van zacht koper, middellijn 0,7 of 0,8 mm; grootste plaatselijke maatafwijking + of — 0,01 mm in de tel-aderparen moet één der geleiders vertind zijn.

ADERS.

Elke geleider met 2 lagen papier spiraalvormig zoodanig te omwikkelen, dat een luchtruimte tusschen geleider en papier overblijft. In elke laag moeten de windingen elkaar voldoende overlappen, de beide lagen in tegengestelde richting te wikkelen. Telkens twee dezer aders (zie „Kleuren") samen te slaan met een spoed van ten hoogste 18 cm.

Bij kabels tot en met 30 dubbeladers om elke dubbelader bovendien katoendraad te wikkelen met slagen op afstand van ± 1 cm. Het gevorderde aantal dubbeladers wordt in concentrische lagen spiraalsgewijze tot een kabelziel verwerkt; alle lagen volgens rechtschen schroefgang te wikkelen en elke laag met een katoendraad te omwinden. Bij kabels met meer dan 30 dubbeladers de binnenste laag volgens rechtschen, de daarop volgende volgens linkschen schroefgang te wikkelen en zoo vervolgens afwisselend.

KLEUREN.

Van elke dubbelader 1 ader rood te kleuren (1 ader ongekleurd). In elke laag (bij 2 of meer dubbeladers ook in de kern) 1 dubbelader rood-rood en de daaropvolgende blauw-blauw te kleuren (teladers). Volgorde: richting uurwerkwijzers, gezien tegen het einde der buitenste laag van den kabel op den haspel.

LOODMANTEL EN AFWERKING.

Om de kabelziel een waterdichten cylindervormigen loodmantel zonder naad aan te brengen. De om den loodmantel aangebrachte lagen moeten door en door gedrenkt zijn. De bewapeningsdraden moeten verzinkt zijn; zij moeten volgens rechtschen schroefgang worden gewikkeld met een maximumspoed = 10 × buitenmiddellijn kabel (D). De kabel moet aan de buitenzijde glad zijn en mag, op den haspel aangebracht, niet kleven.

AFLEVERING.

Kabeleinden met isoleermassa in te gieten (kleuren moeten herkenbaar blijven) en met lood luchtdicht af te sluiten. De kabellengten worden door den besteller iedere kabellengte op een afzonderlijken haspel te wikkelen; beide einden van den opgewikkelden kabel moeten na wegneming der dekplanken voor meetdoeleinden bereikbaar zijn. Op iederen haspel met zwarte verf aan te geven: fabrieksnaam, volgnummer kabeltype, kabellengte en richting van voortrollen.

Bij *bestellingen en offerten* uitdrukkelijk te vermelden
1 samenstelling loodmantel (lood-tin of lood-antimoon, zie N 287)
2 middellijn der geleiders (0,7 of 0,8 mm)
3 bestemming voor de tropen (zie N 287)

„KEURINGSEISCHEN" zie N 287. „STERKABEL" zie N 288 en 289

DIT BLAD TE GEBRUIKEN IN COMBINATIE MET **N 286** EN **287**

BEWAPENDE TELEFOONKABEL
(MET LUCHT- EN PAPIERISOLATIE)
DUBBELADER-KABEL, GELEIDERS 0,7 OF 0,8 mm Ø
ALGEMEENE VOORSCHRIFTEN

N 285

I.I.B: 621.395.734

MIJ. VAN NIJVERHEID	VASTGESTELD SEPT 1925	KON. INST. v. ING.

HOOFDCOMMISSIE VOOR DE NORMALISATIE IN NEDERLAND

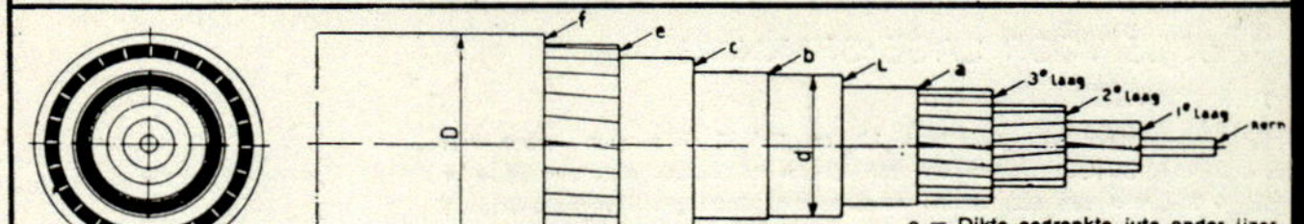

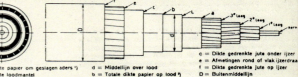

a = Dikte papier om geslagen aders ¹)
L = Dikte loodmantel
d = Middellijn over lood
b = Totale dikte papier op lood ²)
c = Dikte gedrenkte jute onder ijzer
e = Afmetingen rond of vlak ijzerdraad
f = Dikte gedrenkte jute op ijzer
D = Buitenmiddellijn

MATEN in mm

Aantal dubbel-aders	Aantal dubbeladers in de concentrische lagen 0	1	2	3	4	5	6	7	8	9	a	L minimum	d	b	c ²)	e	f ³)	D ³)	Aantal dubbel-aders
1	1											1,5	7,0			rond, ø 1,4		16,5	1
2	2											1,5	9,5		1,5	rond, ø 1,8		19	2
4	4											1,5	11,3					20	4
7	1	6										1,5	13,0					23,5	7
10	2	8									2 × 0,1	1,5	15,0	0,3		trapeziumvormig 1,4 × max. 4,3		25,5	10
14	4	10										1,5	17,0					27,5	14
20	1	6	13									1,6	19,2		2		1,5	30	20
21	1	7	13									1,6	19,7					30,5	21
28	3	9	16									1,7	21,4			trapeziumvormig 1,7 × max. 5,0	2	33,5	28
30	4	10	16									1,7	22,4					34,5	30
40	2	8	12	18								1,8	25,1					37,5	40
42	3	8	13	18								1,8	25,6					38	42
50	4	10	15	21								1,8	27,6					40	50
56	5	11	17	23								1,9	28,8					41	56
60	1	6	12	18	23						2 × 0,2	1,9	29,8	0,3	2	trapeziumvormig 1,7 × max 5,0	2	42	60
70	3	9	14	19	25							1,9	32,3					44,5	70
80	4	10	16	22	28							2,0	34,5					46,5	80
84	5	11	17	23	28							2,0	35,5					47,5	84
(90)	1	6	12	18	24	29						2,0	36,5					48,5	(90)
100	3	9	14	19	25	30						2,2	38,9					51	100
(110)	3	9	15	21	28	34						2,2	40,9					53	(110)
112	4	10	16	22	27	33						2,2	41,4					53,5	112
120	5	11	17	23	29	35						2,2	42,9					55	120
(130)	1	6	12	18	25	31	37					2,4	44,8					57	(130)
140	3	9	14	20	26	31	37				2 × 0,2	2,4	46,8	0,3	2	trapeziumvormig 1,7 × max 5,0	2	59	140
(150)	3	9	15	21	27	34	41					2,4	48,3					60,5	(150)
160	5	11	17	23	29	35	40					2,6	50,2					62,5	160
(170)	1	6	12	18	24	30	36	43				2,6	51,7					64	(170)
180	2	8	14	20	25	31	37	43				2,6	53,2					65,5	180
(190)	4	10	15	21	27	32	38	43				2,6	54,7					67	(190)
200	4	10	16	22	28	34	40	46				2,8	56,6					69	200
(210)	5	11	17	23	29	35	41	49				2,8	57,6					70	(210)
(220)	1	6	12	18	24	30	37	43	49			2,8	59,1					71,5	(220)
224	3	8	14	19	25	30	36	42	47			2,8	59,6			trapeziumvormig 1,7 × max. 5,0		72	224
(230)	3	8	14	20	26	32	37	42	48			2,8	59,6					72	(230)
240	4	10	16	21	27	32	38	43	49		2 × 0,2	3,0	62,5	0,3	2		2	74,5	240
(250)	4	10	16	22	28	34	40	46	50			3,0	64,0					76	(250)
(260)	5	11	17	23	29	35	41	47	52			3,0	64,0					76	(260)
(280)	3	9	15	20	25	31	36	42	47	52		3,3	69,6			trapeziumvormig 1,7 × max 6,5		82	(280)
(290)	3	9	15	21	26	32	38	43	49	54		3,3	69,6					82	(290)
300	3	9	15	21	27	33	39	45	51	57		3,3	69,6					82	300
Toegelaten plaatselijke maatafwijkingen											10 %		5 %	5 %		7,5 % voor dikte			

De tusschen ( ) aangegeven aantallen dubbeladers zooveel mogelijk te vermijden

¹) Elke kabel te voorzien van een kendraad (of ander merkteeken) ter aanduiding van het fabrikaat; deze kendraad onder de papierlagen a aan te brengen
²) Minstens 2 lagen met 3 mm overlap aan te brengen
³) Globale waarden

DIT BLAD TE GEBRUIKEN IN COMBINATIE MET **N 285** EN **N 287**

BEWAPENDE TELEFOONKABEL
(MET LUCHT- EN PAPIERISOLATIE)
DUBBELADER-KABEL: GELEIDERS 0,7 OF 0,8 mm Ø
SAMENSTELLING

N 286

I.I.B: 621.395.734

MIJ. VAN NIJVERHEID	VASTGESTELD SEPT 1925	KON. INST. v ING

HOOFDCOMMISSIE VOOR DE NORMALISATIE IN NEDERLAND

1. GELEIDINGSWEERSTAND.

Gemeten bij 20° C mag de weerstand per geleider en per km kabellengte ten hoogste bedragen bij 0,7 mm ø 46,5 Ω, bij 0,8 mm ø 35,5 Ω

2. ISOLATIEWEERSTAND.

De isolatieweerstand van elk der geleiders t. o. v. alle overige geleiders en den loodmantel als aarde moet na 1 minuut onder spanning te hebben gestaan, tenminste 1000 megohm per km bedragen.

3. CAPACITEIT

De electrostatische capaciteit in microfarad per km kabellengte zal ten hoogste bedragen

Kabelsoort en geleidermiddellijn		gemiddeld enkele geleider	gemiddeld stel geleiders t. o. v. elkaar	per meting enkele geleider	per meting stel geleiders t. o. v. elkaar
dubbel aderkabel ¹)	0,7	0,052	0,035	0,055	0,037
	0,8	0,060	0,037	0,063	0,039
ster-kabel ²)	0,7	0,066	0,035	0,070	0,037
	0,8	0,070	0,037	0,074	0,039

Bij deze metingen de geleiders, welke niet worden gemeten, onderling en met loodmantel en aarde te verbinden
¹) Zie bladen N 285 en 286
²) Zie bladen N 288 en 289

4. MEE- EN OVERSPREKEN.

Bij de gebruikelijke onderzoekingsmethoden mag per haspel de geluidsterkte van het mee- en overspreken niet grooter zijn dan die, welke verkregen wordt over een kunstmatige geleiding, waarvan de karakteristiek 600 en de totale demping 6,5 bedraagt

5. PAPIER (om de geleiders en onder lood).

De breeklengte in de machinerichting dient tenminste te bedragen
a. voor papier aan den gereedzijnden kabel ontnomen: 3 km,
b. papier vóór de verwerking om de geleiders: 6 km. Minimum rek voor b 1,6 %

Deze breeklengte te bepalen als een gemiddelde uit de uitkomsten verkregen van 10 proefstrooken van 18 cm tusschen de klemmen genomen in de lengterichting van het papier, waarbij de grootste afwijking per strook 10 % onder het minimum mag bedragen.

Het papier moet vrij zijn van bestanddeelen, die op den levensduur een nadeeligen invloed hebben en mag niet bros zijn; aanbevolen wordt dit laatste te onderzoeken door vouwproeven.

6. LOODMANTEL.

De loodmantel moet bestaan uit een zooveel mogelijk homogeen mengsel van maagdelijk lood en 2 à 3 % tin of 0,5 à 1 % antimonium. De dikte te meten aan een uitgevouwen stuk

7. BEWAPENINGSDRADEN.

Trekvastheid tenminste 40 kg per mm^2

Na 4 indompelingen, elk van 1 minuut in een oplossing van 1 gewichtsdeel kopersulfaat op 5 gewichtsdeelen water mag zich geen afzetting van koper vertoonen. Daarbij tevoren de draad met benzine te reinigen en te drogen, na elke indompeling het laagje zinksulfaat af te wrijven. Bij wikkelen om een metalen doorn van 30 mm ø mag het zinklaagje niet scheuren of afbladderen

8. DRENKINGSMASSA. (Voor om den loodmantel aangebrachte lagen)

De drenkingsmassa moet goed aan het ijzer hechten en dit bij matige buiging van den kabel nog geheel bedekken. Zij mag geen bestanddeelen bevatten, die schadelijk op den loodmantel inwerken, mag bij 0° C nog niet afbladderen of bros zijn en bij 25° C ¹) nog niet afdruipen

¹) Bij kabels bestemd voor de tropen te lezen: 50° C

MEETSTATEN.

De uitvoerder houdt ter beschikking van den opdrachtgever de resultaten van een onderzoek betreffende de punten 1, 2 en 3, uitgevoerd nadat de tot en met den loodmantel gereedzijnde kabel gedurende ten minste 12 uren onder water heeft gelegen.

WIJZE VAN KEURING.

Indien in de fabriek wordt gekeurd, deelt de uitvoerder tijdig aan den besteller mee, wanneer de kabels daarvoor gereed zijn. Voor hulp bij het keuren, benevens voor de benoodigde instrumenten, toestellen, enz. wordt door den uitvoerder gezorgd. De te gebruiken spanning zal niet hooger zijn dan 200 V.

Gedurende de vervaardiging kan namens en op kosten van den besteller toezicht worden uitgeoefend teneinde na te gaan of de uitvoering geschiedt overeenkomstig de op N 285 t/m 289 gestelde eischen.

DIT BLAD TE GEBRUIKEN IN COMBINATIE MET **N 285, 286, 288** EN **289**

BEWAPENDE TELEFOONKABEL
(MET LUCHT- EN PAPIERISOLATIE)
GELEIDERS 0,7 OF 0,8 mm Ø
KEURINGSEISCHEN

N 287

I.I.B: 621.395.734:620.1

OPMERKING: **N 286**

Onderstaande tabellen geven bij benadering h
gewicht per 100 m der kabels volgens dit bla

GELEIDER 0,7 mm ø Aantal dubbel aders	Gewicht in kg per 100 m ±
1	80
2	120
4	135
7	160
10	180
14	195
20	225
21	245
28	275
30	285
40	340
42	350
50	370
56	420
60	430
70	490
80	520
84	540
90	560
100	600
110	670
112	680
120	720
130	770
140	810
150	840
160	930
170	990
180	1030
190	1060
200	1130
210	1160
220	1210
224	1215
230	1220
240	1280
250	1300
260	1330
280	1370
290	1380
300	1390

GELEIDER 0,8 mm Aantal dubbel aders	Gewicht in k per 100 m ±
1	80
2	120
4	135
7	160
10	180
14	200
20	230
21	250
28	280
30	290
40	350
42	360
50	380
56	430
60	440
70	500
80	540
84	560
90	580
100	620
110	690
112	700
120	740
130	800
140	840
150	870
160	960
170	1020
180	1070
190	1100
200	1170
210	1200
220	1250
224	1260
230	1270
240	1330
250	1350
260	1380
280	1430
290	1440
300	1450

ZIE Blz. 52—53

TELEFOONKABE

| MIJ. van NIJVERHEID | JULI 1925 | KON. INST. v. ING. |

HOOFDCOMMISSIE VOOR DE NORMALISATIE IN NEDERLAND

GELEIDERS
Elke geleider moet bestaan uit een gladden cylindrischen draad van zacht koper; middellijn 0,7 of 0,8 mm; grootste plaatselijke maatafwijking + of − 0,01 mm.

ADERS
Elke geleider met papier spiraalvormig zoodanig te omwikkelen, dat een luchtruimte tusschen geleider en papier overblijft. De windingen moeten elkaar voldoende overlappen; worden twee lagen toegepast, dan deze in tegengestelde richting te wikkelen. Vier van dergelijke aders (zie „Kleuren") telkens spiraalsgewijze samen te slaan met een spoed van ten hoogste 18 cm.
Het gevorderde aantal groepen van vier aders wordt in concentrische lagen spiraalsgewijze tot een kabelziel verwerkt; de binnenste laag volgens rechtschen, de daarop volgende volgens linkschen schroefgang te wikkelen en zoo vervolgens afwisselend.

KLEUREN
In elke groep moeten de aders door kleurverschil gekenmerkt zijn. De tegenover elkaar liggende geleiders van den eenen spreekkring worden omwikkeld resp. met **rood** en met **blauw** papier, die van den tweeden spreekkring resp. met **oranje** en **naturelkleurig** papier.
In elke laag (bij 2 of meer groepen ook in de kern) moet één groep in een open spiraal omwikkeld zijn met **rood** gekleurd papierband of katoendraad; de daarop volgende groep met **blauw** gekleurd band of draad (telgroepen). Volgorde: richting uurwerkwijzers gezien tegen het einde der buitenste laag van den kabel op den haspel.

LOODMANTEL EN AFWERKING
Om de kabelziel een waterdichten cylindervormigen loodmantel zonder naad aan te brengen.
De om den loodmantel aangebrachte lagen moeten door en door gedrenkt zijn. De bewapeningsdraden moeten verzinkt zijn; zij moeten volgens rechtschen schroefgang worden gewikkeld met een maximumspoed = 10 × buitenmiddellijnkabel (D). De kabel moet aan de buitenzijde glad zijn en mag op den haspel aangebracht niet kleven.

AFLEVERING
Kabeleinden met isoleermassa in te gieten (kleuren moeten herkenbaar blijven) en met lood luchtdicht af te sluiten. De kabellengten worden door den opdrachtgever aangegeven; iedere kabellengte op een afzonderlijken haspel te wikkelen; beide einden van den opgewikkelden kabel moeten na wegneming der dekplanken voor meetdoeleinden bereikbaar zijn. Op iederen haspel met zwarte verf aan te geven: fabrieksnaam, volgnummer, kabeltype, kabellengte en richting van voortrollen.

Bij **bestellingen en offerten** uitdrukkelijk te vermelden:
1. samenstelling loodmantel (lood-tin of lood-antimonium, zie N 287)
2. middellijn der geleiders (0,7 of 0,8 mm)
3. bestemming voor de tropen (zie N 287)

„KEURINGSEISCHEN" zie N 287   „DUBBELADERKABEL" zie N 285 en 286

DIT BLAD TE GEBRUIKEN MET N 287 en **N 289**

NOG NIET DEFINITIEF VASTGESTELD | **BEWAPENDE TELEFOON-GRONDKABEL** MET LUCHT- EN PAPIERISOLATIE STERKABEL; GELEIDERS 0,7 of 0,8 mm ALGEMEENE VOORSCHRIFTEN | **V288** I.I.B: 621.395.734

NADRUK ALLEEN MET TOESTEMMING VAN DE HOOFDCOMMISSIE VOOR DE NORMALISATIE IN NEDERLAND

TELEFOONKABEL MET LUCHT- EN PAPIERISOLATIE ZIE BLZ. 54—55

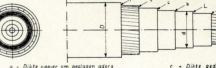

76

| MIJ. VAN NIJVERHEID | VASTGESTELD JULI 1923 | KON. INST. v. ING. |

HOOFDCOMMISSIE VOOR DE NORMALISATIE IN NEDERLAND

BESTELLINGEN:

Op te geven in kilogrammen; aanbevolen wordt te verlangen:
1. Verpakking in blik.
2. Opgave van het soortelijk gewicht.
3. Opgave van het verdampingsverlies bij verhitting op 200° C. gedurende 5 uren.

KEURING:

1. MONSTER: Te nemen volgens diagonaalmethode.
2. BLAASVORMING: Bij smelting en daaropvolgende verhitting op 200° C. mag na stolling in hetzelfde vat geen blaasvorming optreden.
3. VERHITTING: De massa, welke voor de volgende proeven wordt gebruikt, eerst gedurende 5 uren op 200° C. te verhitten.
4. BLAASVORMING: Proef 2 met deze massa te herhalen.
5. HECHTING: Gesmolten massa moet na afkoeling tot kamertemperatuur blijven hechten aan metalen.
6. AANTASTING VAN METALEN, ENZ.: Massa mag bij een temperatuur beneden 150° C. koper, ijzer, lood, papier en weefsel niet noemenswaard aantasten.
7. KRIMP: Gemeten tusschen 150° C. en kamertemperatuur mag de krimp niet meer bedragen dan 7½ %.
8. VLOEIPUNT: Het vloeipunt, gemeten volgens de methode KRAEMER en SARNOW moet tenminste 40° C. bedragen.
   OPMERKING: Voor massa, die moet worden gebruikt in garnituren, welke aan bijzondere temperatuurverhoogingen kunnen worden blootgesteld, wordt een vloeipunt van tenminste 60° C. aanbevolen; bij bestelling het getal 60 aan de handelsaanduiding toe te voegen.
9. VLOEIBAARHEID: Te onderzoeken met een apparaat van dezelfde afmetingen als de viscosimeter van ENGLER, doch met een uitloopbuisje van 5 mm inwendige middellijn. Na vulling met ± 500 cm³ eerst 100 cm³ laten uitvloeien. De uitlooptijd van de tweede 100 cm³ mag bij 55° C ten hoogste 175 secunden bedragen.
10.[1]) DIËLECTRISCHE VASTHEID: Bij kamertemperatuur en ongeveer sinusvormige wisselspanning van 50 perioden per secunde moet de diëlectrische vastheid tenminste 150 kilovolt effectief per cm bedragen; de doorslag moet plaatselijk zijn. 5 proefplaten dienen alle te voldoen; is van één of meer dezer platen de diëlectrische vastheid lager, dan de massa slechts goed te keuren, indien de 5 proefplaten van een tweede reeks alle voldoen.
11.[1]) OPLOSBAARHEID:[2]) Aanbevolen wordt de oplosbaarheid in zwavelkoolstof na te gaan; daarbij ook het aschgehalte van de massa te bepalen.

[1]) en [2]) Zie Opmerkingen achterzijde.

VOOR TOELICHTING OMTRENT DE UITVOERING DEZER PROEVEN ZIE **N 53**

HANDELSAANDUIDING VOOR VULMASSA VOLGENS DIT BLAD: N 52, — MET HOOG VLOEIPUNT: N 52-60

KABELTOEBEHOOREN
VULMASSA VOOR STERKSTROOMGARNITUREN
KEURINGSEISCHEN

N 52

I.I.B : 621.315.6

NADRUK ALLEEN MET TOESTEMMING VAN DE HOOFDCOMMISSIE VOOR DE NORMALISATIE IN NEDERLAND

OPMERKINGEN N 52

[1]) De proeven 10 en 11 zijn slechts geldig voor massa's, welke in hoofdzaak vervaardigd zijn uit asphalten of aanverwante producten.

[2]) Deze proef is slechts bedoeld als globale contrôlemaatregel. In het algemeen is een hooge oplosbaarheid een aanwijzing voor de goede kwaliteit der massa. Onoplosbaar zijn:
1. Minerale bestanddeelen (asch),
2. Vrije koolstof,
3. Sommige hoog-moleculaire koolwaterstoffen.

(In de literatuur vindt men 2 en 3 gewoonlijk samengevat als „vrije koolstof".

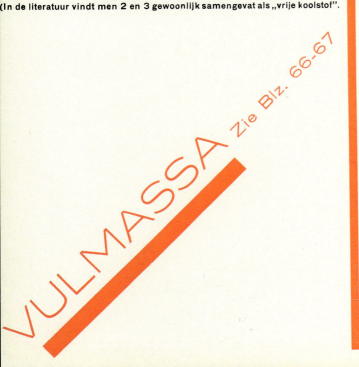

VULMASSA Zie Blz. 66-67

| MIJ. VAN NIJVERHEID | VASTGESTELD JULI 1923 | KON. INST. v. ING. |

HOOFDCOMMISSIE VOOR DE NORMALISATIE IN NEDERLAND

MONSTER:
Het verdient aanbeveling uit verschillende bussen van de partij een gedeelte te nemen (op verschillende plaatsen), tezamen ± 5 kg. Deze massa wordt klein gestampt (langzaam en met geringe kracht stampen) en uitgespreid in een vlakke rechthoekige laag van enkele cm dikte. De rechthoek wordt door diagonalen in vieren gedeeld, twee tegenovergestelde vakken weggenomen en de rest fijn gepoederd en gemengd. Hieruit de te onderzoeken proeven te nemen. Is het poederen niet uitvoerbaar, dan de massa uit de verschillende bussen bij zoo laag mogelijke temperatuur samen te smelten (in dubbelwandig vat met tusschenvloeistof) en zoo lang mogelijk te roeren. In afgekoelden toestand de proeven hieruit te nemen.

BLAASVORMING:
Een uit twee deelen bestaande metalen kroes, waarvan de helften op elkaar passend zijn geslepen, leent zich hiertoe het best. Ook kan de massa worden opgesmolten in een bekerglas, waarin de stolling wordt stukgeslagen.

VERHITTING:
Een dubbelwandig vat te gebruiken; het buitenste b.v. met transformatorolie te vullen. Bij gebruik van naphthaline als tusschenvloeistof (hierbij zij voorzichtigheid aanbevolen) moet de stijgbuis ± 80 cm lang zijn.
In een vat van nevenstaande afmetingen kan ± 1 kg massa worden verhit, welke hoeveelheid voldoende is voor alle proeven, indien voor proef 10 dezelfde massa wordt gebruikt als voor proef 9.

HECHTING:
Deze kan b.v. worden bepaald met behulp van bovengenoemden kroes, door de beide helften van elkaar te trekken. Ook kan de massa worden uitgegoten op een dun metalen plaatje; bij samenvouwen moet de massa het eerst op de vouw vaneengaan. Wordt een stuk gietijzer genomen, dan moet de hoeveelheid massa groot genoeg zijn om het metaal flink warm te maken; anders het ijzer vóór te warmen. De massa mag na stolling niet verwijderd kunnen worden, zonder dat gedeelten op het ijzer blijven zitten.

AANTASTING:
Een draadje katoen of reepje papier, dat in gesmolten massa wordt gedompeld en daarna in benzol gereinigd, moet voor en na deze behandeling vrijwel dezelfde vastheid bezitten.

KRIMP:
De massa in een reageerbuisje te gieten, zoodat ze bij 150° C. een volume van b.v. 40 cm³ inneemt; na afkoeling tot kamertemperatuur mag dan de inzinking, te meten door volgietem met kwik, niet meer inhoud hebben dan 3 cm³.

VLOEIPUNT:
Een open cylindrisch buisje van 6 mm middellijn wordt tot op 5 mm vanaf den onderrand met massa gevuld (beter is het, een aan beide zijden geslepen glazen ringetje te gebruiken, dat door een stukje caoutchouc slang met het buisje wordt verbonden). Daarop wordt 5 gram kwik gegoten en het buisje geplaatst in een bekerglas (leeg of gevuld met water), waarin een thermometer hangt. In een tweede met water of olie gevuld bekerglas wordt het geheel langzaam verwarmd (niet meer dan 1° stijging per minuut) en de temperatuur afgelezen, waarbij het kwik door de massa heenzakt.

VLOEIBAARHEID:
Het binnenste vat met ± 500 cm³ massa, het buitenste met olie te vullen; gedurende de verhitting te roeren. De eerste 100 cm³ vrij laten uitvloeien en den uitlooptijd van de tweede 100 cm³ met behulp van een secunde-horloge te bepalen.

DIËLECTRISCHE VASTHEID:
B.v. met behulp van nevenstaand toestel te bepalen; de proefplaten daarbij dun te nemen (1 mm of minder); na doorslag de dikte op verschillende plaatsen nauwkeurig te meten (micrometer met lange bekken, finimeter) en uit het gemiddelde daarvan de doorslagvastheid per cm te berekenen.

OPLOSBAARHEID:
De proef in duplo uit te voeren met ± 10 gram. De massa wordt op een gedroogd soxhlet-filter gebracht, met watten afgedekt en in een extractie-toestel met 150 cm³ zwavelkoolstof gedurende 6 uren geëxtraheerd met een snelheid van 10 tot 12 extracties per uur. Loopt de vloeistof daarna nog sterk gekleurd af dan de extractie voort te zetten tot zij een lichtgele kleur vertoont.
De zwavelkoolstof wordt aan de lucht verdampt, de soxhlet gedroogd en het gewicht van het residu bepaald. De oplosbaarheid uit te drukken in percenten van de oorspronkelijke gewichtshoeveelheid.
Voor de bepaling van het aschgehalte het residu te verbranden.

DIT BLAD TE GEBRUIKEN IN COMBINATIE MET **N 52**.

KABELTOEBEHOOREN
VULMASSA VOOR STERKSTROOMGARNITUREN
UITVOERING DER KEURING

N 53

I.I.B : 621.315.6

NADRUK ALLEEN MET TOESTEMMING VAN DE HOOFDCOMMISSIE VOOR DE NORMALISATIE IN NEDERLAND

OPMERKING N 53

Verzocht wordt het C. N. B. met de resultaten der proeven in kennis te stellen.

LITERATUUR OVER VULMASSA

D. HOLDE: Untersuchung der Kohlenwasserstofföle und Fette. „Springer Berlin" — 1918.
H. KÖHLER: Die Chemie und Technologie der natürlichen u. künstlichen Asphalte. „Vieweg, Brunswijk" — 1918.
H. ABRAHAM: Asphalts and allied substances. „D. van Nostrad, New-York — 1918.
RICHARDSON: Modern asphalt pavement „J. Wiley & Sons, New-York en Chapman & Hall, „London" — 1905.
C. F. PROOS: Over de beoordeeling van vulmassa's voor kabelgarnituren Tijdschrift voor Electrotechniek, 1 Oct. 1918.
W. DEMUTH: Die materialprüfung der Isolierstoffe der Elektrotechnik „Springer, Berlin" — 1921.
M. J. RÖMER: De ontwerp-vulmassavoorschriften van de Hoofdcommissie voor de Normalisatie in Nederland. „De Ingenieur" No. 18, 30 April 1921.
B. A. J. VAN DER HEGGE ZIJNEN: De ontwerp-vulmassavoorschriften van de Hoofdcommissie voor de Normalisatie in Nederland. „De Ingenieur" No. 22, 28 Mei 1921.
H. W. K. BRÜCKMAN en F. VAN TEUTEM: Beschouwingen over vulmassa voor sterkstroom-garnituren. „De Ingenieur" No. 30, 23 Juli 1921.
J. W. H. UYTENBOGAART Jr.: De chemische waardebepaling van vulmassa voor sterkstroomgarnituren. „De Ingenieur" No. 14, 8 April 1922.
Verschillende jaargangen der **PROCEEDINGS OF THE AMERICAN SOCIETY OF TESTING MATERIALS**, o.a. 1903, 1906, 1907, 1909, 1911 en 1917.

GEBOUWEN der N.V. NEDERLANDSCHE KABELFABRIEK — Blz. 3
    interieur van de kabelfabriek — 4-5
    interieur van de walsdraadfabriek — 8
    interieur van de trekkerij — 8-11
    electrisch laboratorium — 22-23

KOPER — 10-15

ISOLATIEPAPIER — 16-19

DRENKMATERIAAL — 21

STERKSTROOM-KABELS

    NORMAAL STERKSTROOMKABELS

    éénaderig
    600 V. — 30-31
        1 met massieven geleider
        2 met geslagen geleider
        3 met geslagen geleider en hulpdraad

    meeraderig
    500 V. — 32-37

        lichte constructie — 34-35
        4 2-aderig
        5 3-aderig
        6 4-aderig

        zware constructie — 32-33
        7 2-aderig
        8 3-aderig
        9 4-aderig

        met hulpdraden — 36-37
        10 2-aderig
        11 3-aderig
        12 4-aderig

    3.000 V. — 38-39
        13 3-aderig massief
        14 3-aderig geslagen

    6.000 V. — 40-41
        15 3-aderig geslagen

    10.000 V. — 42-43
        16 3-aderig massief
        17 3-aderig geslagen
        18 3-aderig geslagen

    BYZONDERE KABELTYPEN

    10.000 V. — 44
        19 6-aderig (splitconductor)

    30.000 V. — 45
        20 kabel met gordelisolatie

    „H" KABEL — 46
        21 kabel met gepatenteerde metaallagen

    50.000 V. — 48-49
        22 bewapende éénaderige grondkabel — 48
        23 bewapende éénaderige waterkabel — 49

TELEFOON-KABELS

NORMAAL TELEFOONKABELS

24 **100** dubbeladers — Blz. 52-53
25 **200** dubbeladers — 54-55

BYZONDERE KABELTYPEN

30-aderige telefoonkabel — 56-57

gecombineerde kabel voor telefoon en meetdoeleinden — 58-59

gecombineerde sterkstroom-telefoonkabel — 60-61

blok- en signaalkabel — 62-63

„KRARUP" kabel; telefoonkabel met verhoogde zelfinductie — 68

BEWAPENING beschermingen voor trekspanning — 64-65

VULMASSA — 66-67

NORMAAL-VOORSCHRIFTEN

STERKSTROOM KABELS

500 V. — 70-71
600 V. — 69
3.000 V.
6.000 V. } — 72
10.000 V.

KEURINGSEISCHEN — 73

TELEFOONKABELS — 75-76

VULMASSA — 77

80

— Baas, mag ik dat klosje hebben, als het leeg is?

(AUSSI)

VOOR DE ILLUSTRATIE OP BLZ. 26 ZIJN AFBEELDINGEN GEBRUIKT UIT „BROWN-BOVERI & Cᴵᴱ'S MITTEILUNGEN" 1925

DRUK: N.V. DRUKKERIJ TRIO, DEN HAAG
CLICHÉ'S: BAKHUIS & VAN BEEK, DEN HAAG
VERZORGING: P. ZWART, ARCH., WASSENAAR